Friedrich von Trenck

Sämmtliche Gedichte und Schriften

Achter Band

Friedrich von Trenck

Sämmtliche Gedichte und Schriften
Achter Band

ISBN/EAN: 9783743692398

Hergestellt in Europa, USA, Kanada, Australien, Japan

Cover: Foto ©ninafisch / pixelio.de

Weitere Bücher finden Sie auf **www.hansebooks.com**

Friedrichs Freyherrn von der Trenck
sämmtliche
Gedichte und Schriften.

Achter Band.

Inhalt.

	Seite
Das Schicksal der Frau Justitia bey allen Höfen Europens	1
Glückwunsch an Ihro Königliche Hoheit den Prinzen von Preußen den 25 Februar 1762. Zu dessen erstem Feldzuge	73
Neujahrwunsch an die Kaiserl. Obrist-Hofmeisterin Gräfin von Paar	79
Glückwunsch zum neuen Jahre, 762 an Ihro Königliche Hoheit den Durchlauchtigsten Markgrafen Heinrich Thumprobst zu Halberstadt t. p.	85
Glückwunsch an den Durchlauchtigsten Herzog Ferdinand von Braunschweig, kommandirenden Feldmarschall der alliirten Armeen. Da derselbe nach geschlossenem Frieden Anno 1763 in sein Gouvernement zu Magdeburg ankam	95

	Seite
Danksagung an eine Dame am Neujahr, welche mir heimlich eine geräucherte Wurst für meinen hungrigen Magen zustecken ließ	103
Scherzgedicht an eben dieselbe Freundin, da mir der großmüthige, jetzt regierende Landgraf von Hessenkassel, damaliger Gouverneur in Magdeburg, mein schweres Eisen vom Halse, und etliche meiner Ketten abnehmen ließ	111
Das Schicksal des Canarivogels, eine für die Moral eingekleidete Erzählung, mit neu prosaischen Anmerkungen vermehrt und verbessert.	117
Trauerrede bey dem Grabe Friedrich des Großen Königes in Preußen	177

Das
Schickſal der Frau Juſtitia
bey allen
Höfen Europens.

Vorbericht.

Diesem Gedichte wird es eben so ge=
hen, als im Jahr 1767 meinem Ma=
cedonischen Helden. Man erschrack
über die freye Schreibart! die Pfaffen
predigten öffentlich wider mich: die ge=
mästeten Hofschweine grunzten: die
Advokaten, Agenten, und Recehsen=
ten wollten mich aus dem Staat ver=
bannen; die Halbgelehrten schrieen zum
Autodafée. Die Recensenten tadel=
ten: die Biographie=Schreiber schimpf=
ten; die Censuren in ganz Europa ent=
schieden alle das Anathema ... Meine
Freunde zitterten. Ich aber blieb un=
erschüttert: überreichte eigenhändig die
Exemplarien an verschiedene Monar=
chen und regierende Fürsten: zahlte
den

den so genannten Gelehrten und Journalisten keinen Kreuzer für ihr Lob: spottete vielmehr ihres Tadels; verkaufte dennoch in Einem Jahr über 16000 Exemplarien, und sehe gegenwärtig eben dieses Gedicht in den meisten Ländern Europens mit allgemeinem Beifall und mit Lorbern des siegenden Wahrheitdichters gekrönt.

Der Macedonische Held wird demnach sicher noch von später Nachwelt geschätzt und gelesen werden.

Eben das Schicksal erwartet meine Justitia gleichfals. Die Verfolgung böser Menschen habe ich aber nie gescheut: Den Buchstaben-Tadlern werd ich nie antworten: und troz allem Drohen, Schnarchen und Lästern, bleibt der Autor ein ehrlicher Mann; auch diese Ketzerschrift wird wie der Macedonische Held in ganz Europa gekauft, gelesen, nachgedruckt, übersetzt, und in manchen Staats-Kanzleyen unter

die

die griechischen Manuscripte, oder unter die Sibillische Weissagungen verborgen: oder wohl gar, wie in den Klöster-Archiven, die Beschwörungen des Doktor Faust, oder Theophrastens Chimie mit eisernen Ketten hinter einem schwarzen Vorhang in der Bibliothek angeschmiedet werden.

Es gehe nun wie es wolle! Das Schicksal der Frau Justitia ist nun einmal öffentlich bekannt gemacht.

Nunmehr wird mir aber schwerlich ein Fürst in Europa den Auftrag geben, seine Biographie zu schreiben: Weil ich die Kunst nicht verstehe, Wahrheit zu vermänteln ... Geduld! Es ist nicht Jedermanns Ding, den Grossen zu gefallen. Wahrhaft grosse aufgeklärte Männer werden aber sicher meine Freunde seyn. Und wer nur den Beifall der Klugen und Tugend-Freunde sucht; der wird weder Justizpräsident noch Hof-Narr: weder reich noch gewaltig

waltig im Vaterland: gewiß aber ein wirklich Geheimerrath im Staats-Kabinete.

Diesen, bereits durch mich selbst errungenen Preiß, kann mir keine Menschen-Macht nicht mehr vereiteln. Wo sich der Stolz nicht auf Hof-Gnaden, sondern auf den innern Werth stützt, da ist er gerecht auch ehrwürdig.

Und fällt der Himmel ein, so wird er mich
zwar decken
Aber nicht erschrecken.

Das

Das
Schicksal der Frau Justitia
in allen
Ländern Europens.

Ein Roman
der wirklich wahr seyn soll, aber zum Lesen verboten ist.

In Rom, im grossen Rom, wie man erzäh-
   len hört,
Ward vor zweytausend Jahr ein heilig Weib
   verehrt;
Sie heißt Justitia. Man sieht ihr Bild noch
   mahlen
Geblendet, mit dem Schwerdt, und mit zwo
   Wageschalen.
         Dieß

Dieß Weib regierte klug: Sie diente jeder=
mann
Die Tugend rief Sie nie umsonst um Beistand
an:
Und kurz gesagt! es blühete der Wohlstand in
dem Reich
Und an geschickter Macht, war ihm kein an=
ders gleich =
Doch ach! Ein Herrschgeist kommt, der dieses
Glück zerstöret,
Ein Sylln sucht die Eigenmacht.
Und hat durch seine List, den Pöbel so be=
thöret:
Daß er dies Weib vertrieb, sich wieder sie
empöret
Und Frau Justitia zu Cäsars Sklavin macht.
Was war dabey zu thun? Die Freyheit blieb
verloren.
Zur blinden Souverainität
Die keinen Widerspruch versteht
Und nur was ihr gefällt, begeht,
War sie zu edel, stolz, zum Schmeicheln
nicht geboren.
Der beste Rath war Flucht. Sie flieht aus
Stadt und Land,
Zum Unglück war ihr just kein Zuflüchts=Ort
bekannt.

Und

Und deßhalb hat sie auch, um unsre Welt zu strafen,
Fast achtzehnhundert Jahr, im Blocksberg sanft geschlafen,
Doch endlich wacht sie auf; vermuthet besser Glück.
Und kehrt nach Rom zurück. = = =
Hier fand sie = = Ach ihr Haus
Das Capitolium war gänzlich eingerissen,
Die Römer wollten nichts von Frau Justitia wissen.
Frau Eris herrschte dort, und ihr Gemahl Herr Fraus a)
Sie sieht = = erschrickt = = kehrt um.
O weh! denkt sie wie dumm!
Wie thörigt ist das Volk! Rom sieht sich nicht mehr gleich,
Tarquin ist hier zwar groß, kein Crösus war so reich.
Doch ach! der Römer ist nicht mehr was er gewesen.

Der

---

a) Fraus, oder Betrug. Wer zweifelt daran, daß dieser in Rom herrscht und Rom so mächtig machte? Eris ist die Göttin des Zanks, mit ihren 4 Gehilfen Haß, Aberglauben, Fanatismus und Uebereilung. Herrschen diese nicht im neuen Rom?

Der Rath b) beraubt das Volk. Ihr Bur=
 germeister lacht
Wenn er sie am Altar zu dumme Sklaven
 macht,
Und durch des Derwis List, durch Gaukelspiel
 und Pracht;
Durch Ablaß=Krämerey, durch Fegefeuer und
 Messen;
Durch heilig blinden Tand, durch Geistlich
 Geld erpressen;
Mehr Ehrfurcht, Macht und Ruhm, weit mehr
 Gewalt erlangt,
Als Cäsar und Trajan, der im Triumphe prangt.
Nein, nein, hier taug ich nicht, wo Glaubens=
 Fackeln brennen,
Wo Busse und Gebeth, Betrüger selig macht.
Wie gerne zahlt der Schelm dem Priester
 Himmels=Pacht,
Der mich Justitia doch nie begehrt zu kennen.
Nein, Römer! lebet wohl!
Ich weiß schon wo ich Zufluchtsörter finden
 soll.
Ich will die ganze Welt durchstreichen,
Und endlich doch ein Land erreichen,

Wo

---

b) Der Rath ist der Nepotismus, und das Car=
dinals Collegium. Der Burgermeister ist jetzt
der Pabst.

Wo ich ein freyes Volk auch glücklich machen
kann = ;
Gleich reis't sie nach Madrid
Und kommt dort glücklich an.
Man fragt = = Wer ist die Frau? = = Ich bin
Justitia =
Der Inquisitor spitzt die Ohren:
Justitia? Justitia? = = =
Schlagt den Kalender auf! Der Name steht
nicht da;
Und weil sie keinen Christen Namen führet,
So muß sie sicher Luthrisch seyn.
Fort! Machet Spanien von solchem Unflat
rein!
Verbrennt die Ketzerin, so wie es sich gebüh=
ret!
Fort mit ihr auf den Scheiterhaufen! = =
Der Pöbel macht das Kreutz, schimpft, tobet,
wirft mit Koth:
Das gute Weib merkt nicht, was ihr für Unheil
droht,
Sie hörts, man spricht von Scheiterhaufen,
Sie sieht Dominikaner laufen
Mit Fackeln in der Hand, sie tretten in ihr
Haus. = =
Gleich schleicht Justitia zur Hinterthür hinaus.

Und

Und ist zu rechter Zeit noch der Gefahr ent=
gangen
Sonst hätt, sie Dominik gefangen.
Die Paters fluchten Gift und Pest.
Sie fanden nur das leere Nest.
Und so wie man es jetzt erzehlet
Ward in der ersten Wut anstatt Justitia
Die Frau Prudentia
Als eine Ketzerin fürs Blutgericht erwählet,
Mit foltern stumm gemacht, und endlich todt
gequälet.
Justitia freuet sich da sie entflohen war.
Sie denkt ... Wohin soll ich mich wenden?
In Portugall ist ja für mich noch mehr Ge=
fahr c).
Weil dort Sankt Dominik mit seiner Henker
Schaar

Die

c) Bekannt ist in Portugall die berühmte Sekte
der Sebastianiten. Ich muß meinen Lesern
hievon eine gründliche Kenntniß mittheilen, die
positive wahr ist. Die Dominikaner sprengten
aus, der König Sebastian, welcher im Maurens
Krieg verloren gieng, habe am Kloster um
Mitternacht angepocht, sein heiliges Schwerdt
übergeben, und gesagt: Er sey auf eine ge=
wisse Zeit in den Himmel entzückt, würde aber
wieder nach Portugall kommen, den Thron
besteigen, und dann über die ganze Erde herr=
schen. Diese Fabel grif nun so weit um sich,
daß hieraus die Sebastianiten = Sekte entstand,
die

Die Menschen kann wie Finken blenden
Wär ich doch nur ein Mann!
So nenne ich mich Sebastian
Und würde sicher Anhang finden.
Doch geh ich mit Vertrauen hin,
Und sage wer ich wirklich bin.
Die Pfaffen würden mich gewiß lebendig schin=
  den.
Nein, Portugiesen gute Nacht,
Ich traue keiner Priester Macht;
Und Sanft Dominikus mit seinem Blut=Ge=
  richt
Fährt nur für Sich, mein Schwert, und für
  mich falsch Gericht.
Der Christen Reich misbraucht mich nur,
Wo die Gesetze der Natur
Das Volk an Bürger Pflichten binden;
Wo Kirchen=Ablaß gar nichts gilt;
Wo für die Schandthat, Frevel, Sünden
Nicht Christus, noch sein Kreutz, der Schelmen
  Schrecken stillt.
  Da

die so gar Capitalien ausliehen, mit der Be=
dingung zu zahlen, wenn Sebastian wieder
kommt, um in Portugall zu regieren. Die
Dominikaner hielten die Wechselstube, und
sammelten durch diesen Betrug die Schätze zu=
sammen. Noch gegenwärtig giebt es Sebastia=
niten in Portugall.

Da wo man wenig glaubt, doch Menschenpflicht
erfüllt,
Und wo sich der Betrug am Altar nicht ver‑
hüllt;
Da werd ich ächte Menschen finden.
Nun geht die Reise weiter fort
Sie sucht sich einen anderen Zufluchtsort
Und Frau Justitia kommt wirklich nach Ver‑
saille.
Sie sieht den Hof = = erschrickt, = = und rei‑
set nach Paris.
Wo man ihr bald das Bild der Frau Justiçe
wieß
Von Marmor: schön gebaut, mit einer freyen
Taille.
Sie glich der Gräfin Pompadour:
Die grossen Herren machten Cour
Der äußre Anblick leider nur
Blieb für die Stadtkanaille.
Am Tage stand ihr Thron in Pracht;
Doch heimlich, in der Nacht
War sie nur des Ministers Magd
Die Lettres de cachet zu tragen. d)

Justis

d) Es ist unglaublich, wie viele Grausamkeiten mit
denen Lettres de cachet, besonders unter Lud‑
wig des 15ten Regierung, ausgeübt wurden.
Madame du Bary, ihr Schwager du Bary le
rné genannt. Der Duc de la Vrillier, und
Ri‑

Justitia wundert sich, daß man ihr Bild ver-
ehrt,
Wo man sie selbst nicht kennt
Dem Namen nach allein nur nennt,
Und gar für Calas Recht zu kennen nicht be-
gehrt.
Sie wundert sich, und darf nichts sagen.
Doch bald erfährt die ganze Stadt
Justitia sey angekommen.
Wenn der Franzos was Neues hat,
Dann wird sein Beyfall leicht gewonnen.
Ein jeder eilt herbey
Begierig sie zu sehn: Und jeder saget frey
Parpleu! das ist curios - - Iustice ist mehr
charmante
Dies Weib ist viel zu alt = = das ist viel-
leicht die Tante
Que Vive la beauté = = Doch nach dem innern
Werth
Wird Frau Justitia die Alte doch verehrt,

Weil

Richelieu trieben öffentlichen Handel damit. Ein solcher Brief, der den redlichsten Mann hilflos in die Bastille stürzte, kostete nur 50 Louidors. Warlich, wer Paris unter dieser Regierung kannte, der erstaunt über die Barba- rey des gnädigen Ludwigs, noch mehr aber, über die Geduld, und Dummheit der Nation.

Weil sie noch Moden trägt, die Frankreich nie
gesehen;
Kurz, Frau Justicens Thron blieb bald verachtet
stehen.
Ein jeder rief schon frey .... Vivat Justitia!
Wenn nun auch Eine stirbt, ist noch die andre
da = =
Der König hörts; = = Was wird er hören?
Das Volk wird bald das Weib mehr als Ju-
stice ehren
Und dies gefiel ihm nicht .... Komm, sagt er,
werther Sohn!
Vrilliere, Richelieu, wo ist mein Argenson?
Un Coup de Mazarin! Wir brauchen Politique
Fort mit Justitia! forgeons la chimerique e).
Die uns nicht widerspricht = = =
An Arglist fehlts dem Staatsmann nicht
Justitia wird in der Nacht,
Wenn alles für sie schläft, und die Verläum-
wacht
Nach der Bastille fortgeführet
Auch wohl verwahret und bewacht.

Denn

---

e) oder Deutsch ... Wir wollen eine falsche Copie
machen.

Dem Volke saget man = = Das Weib hat
          spioniret
Und sey in der vergangnen Nacht
Nach Deutschland glücklich echappiret. f)
Die Reuter setzen nach: Der Pöbel schimpft
          und schmäht
Man ruft = Vivo le Roi = = der uns die Na=
          se dreht.
Indessen war dennoch Justitia zu klug.
Auch die Bastille war für sie nicht fest genug:
Sie will aus Stadt und Land: flieht Frank=
          reich, lacht und klagt
Daß sie der Pöbel nicht entlarvt zu sehen
          waget.

O!

---

f) Die hier angebrachte französischen Wörter gehö=
ren zum Original der Pariser Madame Justice.
Und dieses Gedicht richtet sich nach dem Na=
tional=Geschmack: dennoch bleibt es aber trok=
ken Deutsch, auch da, wo es gegen pedantische
Schulregeln der deutschen Dichtkunst vielleicht
vorsetzlich sündigt. Verzeiht mir ihr strengen
Herren Recensenten und Grammatisten! Ich
bin ja nur ein ungelehrter Dichter, der aus
fremden Sprachen Ausdrücke, so wie ihr gute
Gedanken aus guten Büchern, entlehnen
muß.

Trencks Schr 8. B.   B

O! denkt sie, dummes Volk! das aufgekläret
scheint,
Ihr Sirven! Calas! g) ach, was habt ihr zu
erwarten?
Partheygeist, Eigennutz, Kabalen aller Arten
Verdrehn der Menschenrecht, wo Tugend schüch=
tern weint.
Nein, liebe Gallier! für mich ist hier kein Nest.
Der gute Vater König,
Sicht hier für mich zu wenig.
Fermier, Pfaff, Huren sind der besten Bürger
Pest.
Ich will zu denen Malabaren,
Und durch den Ocean zu Hottentotten fahren.
Europa, gute Nacht! = = Sie sucht ein Schif
in Brest...

Sie

g) Die abscheuliche Geschichte der Sirven und
Calas sind Weltkündig. Sie entehren die Ge=
schichte des 15 Ludwigs. Aber geschieht in
Deutschland nicht eben das? Seufzen nicht
unsre Calas eben so wie in Frankreich? Nur
mit dem Unterschide, daß man ihre Namen
bei uns nicht nennen darf. Wir haben kein
Parlament: und nach Allerhöchster Hof=Resolu=
tion darf der Geräderte ja nicht mehr raisonni=
ren, auch kein Schriftsteller die Wahrheit zu
entdecken suchen. Ihre Seelen ruhen in Frie=
den; Gott mache sie selig, weil sie auf Erden
als Martyrer mit dem Knebel im Munde
stürben.

Sie findet, steigt hinein, Das Schiff läuft
in das Meer.
Adieu, Justitia! viel Glück zur Widerkehr!
Kaum ist sie in die See: So peitscht Neptun
die Fluten;
Und der ergrimmte Jupiter
Schießt durch geborstne Luft, die Blitze hin
und her.
Es drohen aller Götter Ruten,
Und Schiffer und Matrose spricht:
Das Weib taugt auf dem Wasser nicht;
Nein, sie muß nach dem Ufer schwimmen
Wohin die Götter sie bestimmen.
Es stürmet nicht von Ohngefehr
Just ihrentwegen tobt das Meer.
Nein, sie muß nicht Europa meiden
Gedacht, und gleich gethan;
Man greift sie zornig an,
Und Frau Justitia muß Jonas Schicksal leiden.
Nun schwimmt sie in der See: ach blinde
Menschen eilt,
Eilt, thut noch was ihr könnt, eilt, noch ist
Zeit zu retten!
Seht! sie sinkt wirklich schon: sie stirbt, wenn
ihr verweilt.
Ja wohl! Wenn Menschen Einsicht hätten!

Ein schuppigter Delphin, wer hätte das ge=
   meint?
War nur allein ein Menschenfreund,
Er nimmt, vor dießmal muß es glücken,
Er nimmt Justitia wie Arion auf den Rücken,
Er bringt sie wirklich an den Strand,
Und Frau Justitia kam gar nach Engelland.
Sie eilt sogleich ins Parlament;
Da hört sie ein Getöß, ein zankendes Geschrey,
Als wenn die Synagog mit tausend Juden
   brennt,
Erstaunend hört sie zu, erstaunt naht sie her=
   bei.
Ein junger Mylord sieht ein fremdes Weib im
   Rathe:
Gleich springt er grimmig auf; Er war ein
   See=Soldate
Der Brittisch denkt auch fluchen kann.
Gott' demm Frintsch Dogg ... So hebt er an:
Weib fragt er, was hast du in Engelland
   verlohren?
Du bist ja bey uns nicht gebohren,
Geh pack dich in dein Vaterland:
Der Britte hat allein Verstand.
Was ausser unsern Gränzen lebt
Sind Völker die kaum werth sind uns zu dienen!
Justitia, die nicht so leicht vor Narren bebt,

Fragt

Fragt = = Herr! seit wann ist denn Messias
                    hier erschienen?
Wohnt etwa gar der heil'ge Geist,
Den man der Weisheit Schöpfer heißt,
Allein in Engelland? ist er in solche Narren
Wie ihr seid, wie zu Gad der grosse Teufel
                    Schwarm
In eine Heerde Säu gefahren?
Herr Lord! ach daß sich Gott erbarm!
Seid ihr das kluge Volk? .... Woran soll
                    man's erkennen?
Man sollt' euch ja mit Recht die gröbsten Fle=
                    gel nennen!
Ein brittisch *woil bord* bist du Lord h)
Gott demm Frintsch Dogg dein Lieblingswort,
Gebührt nur euch mit vollem Rechte!
Was seyd ihr anders? = = Görgens Knechte.
Prahlt mit der Freyheit wie ihr wollt;
Die Herren, die so stolz im Parlamente schrieen
Sieht man doch ingeheim bei Hofe zitternd
                    knieen
Als Sklaven in des Fürsten Sold.

Der

h) oder wilde Sau.

Der euch so unumschränkt regieret
Als Sultan Amurath
Mit jedem Schurken that
Dem Stock und Strick aus allerhöchster Huld
     gebühret .... i)
           Der

i) Wer Engelland so, wie ich, kennet, der gibt mir sicher Beifall. Der Fehler in der Regierungsform steckt in der Gewalt des Königs, alle einträgliche Ehren- und Hofstellen willkührlich zu vergeben. Hieraus entspringt sein Anhang, wo er seinen Eigensinn befriedigen will. Man kauft auch die Stimmen im Parlamente, auch der goldsüchtige Engelländer wird eben so leicht ein Schurke für baare Bezahlung, als der Schwedische Reichs-Rath, um sein Vaterland zu ruiniren. Da ich während dem amerikanischen Kriege in Achen lebte, hatte ich Gelegenheit diese Nation gründlich zu studieren, die in Spaa ihren Sammelplatz hat. Dort machte ich mir Freunde von beiden Partheyen: fand im Grunde sehr wenig ächte Patrioten, meistens aber von der Hofparthey bestochen, oder halsstärrig, rachgierig, herrschsüchtige Engelländer, die alle Völker der Erden eben so wie die Neger in ihren Colonien, oder wie die bedrängte Irrländer misshandeln würden, wenn sie das Unglück hätten, ihrer Gewalt zu unterliegen. Ihr National-Stolz ist wirklich unbegränzt und lächerlich. Finden sie einen wirklich verdienstvollen, ehrwürdigen Mann, so ist das höchste Lob, das sie ihm geben können ... Schade, daß er nicht in Engeland geboren ist! er hätte zu Cambridge oder Oxford ein grosser Mann werden können. So denkt der Pöbel, eben so denkt der Lord.
           Wür den

Der junge Lord ergrimmt. Mit Maulschelln
fängt er an;
Er schäumt, tobt, demonstrirt mit Fäusten, wie
er kann;
Rauft

Würden wohl die Franzosen ihren Zweck in Amerika erreicht haben, wann ihre Louidors nicht im Parlamente Zerrüttungen erwirkt hätten? Und wäre der hartnäckige Lord Nord nicht Minister gewesen, dann hätte sich Amerika nie vom Joch losgerissen, oder wäre noch länger niederträchtig geblieben, um es nicht abzuschütteln. Die Bestechungen der Stimmen im Parlamente sind wirklich so allgemein, so landkündig, daß der eigene Sohn des Königs, auch der Herzog von Cumberland jährlich 40000 Pfund von seinen Einkünften denen verschrieben hat, welche er für seine Stimmen gewinnen mußte. Sind nun die Ersten im Staatsgebäude mit Geld zu bestechen, was kann der schlaue Nachbar nicht für Vortheile aus solchen Misbräuchen saugen? Und ist dieses wol noch eine ehrwürdige Nation, die solche Niederträchtige am Ruder sehen muß?

Ihre Gerichtshöfe und Justizstellen sind nicht besser beschaffen, als das Parlament. Alles entscheidet Eigensinn und Partheigeist, die meisten Sachen werden durch die Zahl der Juramente entschieden, und in London kann man für einen Schilling Leute genug finden, welche als falsche Zeugen schwören. Wer 4 falsche Zeugen kauft, der hat den Proceß gegen 3 gewonnen; und ist die Zahl derselben gleich, dann gehen alle beide Partheyen unentschieden nach Hause. Hievon war ich selbst verschiedenemal
Augen-

Rauft Frau Justitia bei den Haaren,
Schreyt, brüllet = = keinen Widerspruch!
Der Britte ist allein nur klug.
Er sagts, er glaubts, und hiermit gnug.
In London giebt es keine Narren.
Das fremde Pöbel Volks Geschmeiß,
Das man bei uns nur Deutsche heißt,
Wird sich umsonst um Brod, in Engelland bemü=
                            hen
Und taugt nur wie das Vieh, in unsre Colo=
                    nien = =

Justitia,

Augenzeuge ... Findet man aber wol derglei=
chen Justizverwaltung auch bei den rohesten
Völkern in Orient, und unter denen Wilden?
Ein Kadi in Algier ist gewiß gerechter, als ein
Blutrichter in London. Wer hieran zweifelt,
dem kann ich selbst offenbare Beweise vorlegen.
Man findet in London so gar nicht einmal ein
Gesetz gegen den Betrug. Es heißt ... Traue
nicht, so kannst du nicht betrogen werden ....
Der Nationalkarakter ist mißtrauisch und be=
trügerisch; und wären die Gesetze gegen diese
strenger, dann müßten alle Tage einige Wä=
gen voll nach Tiburn zum Galgen geführt wer=
den. Der Fremde, welcher dieses nicht kennt,
ist daselbst sicher betrogen, und findet kein
Recht. Folglich ist Engelland eben nicht der
Wohnsitz der Frau Justitia, und eben deßhalb
verdient dieses Volk, daß ihr frecher National=
Stolz gedemüthiget werde.

Justitia, die sich so grob mishandelt fühlt,
Ruft Hilfe! = Recht ihr Herrn! = = hört mich!
= = ein jeder schielt
Mit Lächeln auf den Lord, der seine Rache
kühlt.
Der Schwarm der Lords blieb unbewegt.
Die Schmeerbäuch aus der Untern Kammer,
Lord Schneider, Lord am Schmiede=Hammer
Lord Gordon gar der Schellen trägt:
Sir Wylcke, und die Esqueier Schaaren,
Die nebst dem Lord Major, just hier versam=
melt waren,
Der ganze Lordschwarm klatscht ihm lauten
Beifall zu;
Lord Nord rief selbst = = schlag tapfer zu
Frintsch Dogg Gott Demm: = = Rebell, Re=
bellen,
Das Weib kommt aus Amerika.
Schlag zu! sie heißt Justitia.
Milords, helft mir ihr Urtheil fällen
Denkt was zu Boston uns geschah,
Wo Washington uns zittern machte
Schlagt zu! = = Doch Frau Justitia
Lief schnell davon .... sie floh und lachte
Stieg in ein Schif, eilt wie sie kann;
Das Schif sticht in die See, und kommt in
Holland an.

In

In Holland denkt sie, werd' ich finden,
Was edle Freyheit krönt, und Sklaven nicht
empfinden.
In Republiken herrscht das Recht,
Wo Weise Themis Scepter führen: k)
Doch, wo ein Leidenschaften Knecht

Gewählt

k) Welches Volk auf Erden verdient wol weniger glüklich zu seyn als der Holländer. Verdienste, persönliche Eigenschaften, haben bey ihm gar keinen Werth. Man schäzt den Mann allein nach dem Gewicht seiner Goldbörse. Sparsamkeit ist allein Tugend, und Geiz, Gewinnsucht und Betrug kein Laster. Im Wohlthun findet er gar kein Vergnügen, und bricht sich selbst so gar die Nothdurft ab, um seinen Kasten mit Gold zu füllen.

Amsterdam, oder die Provinz Holland, besteht aus lauter Kaufleuten. Die Hochmögenden Herren, welche den Souverain vorstellen, sind gleichfals Kaufleute. Jeder hat den Eigennuz, die Gewinnsucht zur Zielscheibe. Und da ein handelnder Staat nur gewinnen kann, wenn er allen Irrungen ausweicht, und mit kriegenden fremden Ländern wuchert, so stimmen gewiß auch bei den gröbsten Beleidigungen alle Senat-Mitglieder zum Frieden, und erkaufen ihn für baar Geld, welches sie bei der Nachbarn Verwirrung, und besonders durch der Deutschen Bedürfniß ihrer indischen Produkte hundertfach zurückgewinnen.

Ihre Gerichtsstellen und Justizadministrationen wären wirklich die besten in Europa. Da aber der Holländer gewinnsüchtig ist, so bleibt das Recht daselbst auch für baar Geld eben so, und vielleicht noch mehr, als in andern Ländern zu

erkau-

Gewählt wird, sich durchs Amt zu zieren,
Da wird ein Volk das kriegrisch ist,
Bald seinem eignen Feldherrn dienen;
Und wenn es arbeitsam, still sammelt wie die
        Bienen,
Doch für den Eigennutz des Staates Zweck
        vergißt,
                                        Da-

erkaufen. Ihre Advokaten zanken mit Nationalphlegma, und ihre Richter sind bei fremden Leiden unempfindliche Maschinen.

Wenn aber alle Deutsche wüßten, was ich mit eigenen Augen gesehen habe, dann würden unsre Fürsten ernsthafter gegen die Emigration unsrer Kinder wachen, und das wahre Raub-Nest unsrer Bevölkerung, auch unsres baaren Geldes, zu zerstören suchen.

Viele tausend junge Leute werden von den Seelenverkäufern verführt, viele so gar in Rotterdamm und Amsterdamm unter tausend Kunstgriffen in ihre heimliche Werbhäuser gelockt, dort liegen sie gefesselt, bis ein Ostindisch Schiff absegelt, denn sieht man einen ganzen Haufen solcher Unglüklichen mit einem Knebel im Munde, und mit rasend bewafneten Matrosen gebunden, wie im Triumph durch die Stadt in das Schiff schleppen, damit sie nicht reden noch um Hilfe schreyen können, und so werden sie in ihre Pflanzörter nach Judien geführt, wo der größte Theil, wie die Neger in den spanischen Bergwerken arbeitend verschmachten muß. Solche Leute besonders, die sie ohne Unterschied des Standes wegkapern,
                                        werden

Da kann die Freiheit sich leicht in ein Joch
        verwandeln,
Denn welcher gerne nimmt, kann sich auch
        selbst verhandeln;
Kaum schleicht Justitia in die Versadrung
        ein
So sieht sie schon genug, was Hollands Män-
        gel seyn.

werden so bewacht, daß sie ewig nicht zurück-kehren können, damit ihnen kein Proceß auf den Hals falle. Wer soll ein solches Volk nicht verabscheuen, welches wegen verfluchtem Eigennutz aller Völker Rechte beleidigt, und von unsrer deutschen Armut, die sie selbst verursachten, solche stäupenswürdige Vortheile für die Vermehrung ihrer Goldklumpen zu bewerkstelligen sucht?

Gott segne den Kaiser, welcher wenigstens den Anfang machen wollte, um dieses wahre Raubnest unsrer Kinder und Güter zu demütigen. Gott gebe! daß Deutschland ihre Herren Tische ohne Holländer Gewürze, ohne Häring, Stockfische, Zucker noch Kaffe zubereiten lerne.

So viel ächten Ruhm ihre Vorfahren verdienten, welche sich vom Spanischen Sklavenjoch durch Heldenmuth losrissen, und ihr Vaterland durch Freyheit glüklich machten, so verachtungswürdig sind ihre gegenwärtige Enkel, welche durch den Handlungsgeist reich, zugleich aber unempfindlich und niederträchtig wurden.

O denkt sie: Dieses Volk, das einen König scheut
Wird dennoch souverain regieret:
Wenn hier Tarquin nur nicht den Königstitel führet,
Dann schlummert Brutus auch, und thut ihm gar kein Leid.
Nein ihr Hochmögenden! hier hab ich keine Kraft
Ihr wählt mich dennoch nie zu der Statthalterschaft
Hier herrschet im Senat, Stolz, Grobheit, Habsucht, Neid,
Ach Holland! glaube mir: Das Joch droht eurem Nacken,
Und wann ihr dem entgeht, so werdet ihr Polacken = = =
Nun denkt Justitia, ich will nicht länger leiden!
Europa will ich gänzlich meiden.

Und

Die Wissenschaften, welche einen republikanischen Staat beseelen, und zugleich in seiner Blüte erhalten sollten, sind in Holland verachtet. Die Arytmethik allein hat geschickte Professores in ihren Wechselstuben, so gar die Büchercensur steht unter der strengsten Censur der hochmüthig intolleranten Geistlichkeit, und ihre übrige republikanischen Fehler sind allen staatsklugen Europäern bekannt.

Und durch den grossen Ocean
Auch gar zu den Chinesern fahren.
Hier sieht der Christenreich mich mit Verach=
tung an;
Und sperrt mich endlich gar noch in den Thurn
der Narren.
Gleich sucht sie sich ein Schiff: flieht in die
ofne See..
Ach, Frau Justitia! dein Schicksal thut mir
weh!
Auch dießmal hat die Flucht dir wieder nicht
geglücket,
Ein Kaper, ein Franzos, hat kaum das Schif
erblicket;
So macht er Segel drauf: Es kommt gleich
zum Gefecht:
Er siegt, erobert es, und braucht sein Kaper=
Recht.
Ein jeder ruft pardon! pardon!
Wir fochten nie für Görgens Thron;
Wenn gleich dies Kaufmannsschiff der Britten
Flagge führet;
Nichts half ... fürs Leben blieb allein pardon.
Man entert, droht, und schießt, das Schiff
wird ausgeraubet.
Justitia fragt! .... Ihr Herrn! Wer hat euch
das erlaubet?

Ihr

Ihr Schelme! Diebe! scheut ihr nicht der
                    Mörder Lohn?
Ist denn sogar das Meer
Auch nicht von Räubern leer?
Wer seyd ihr? Welches Recht erlaubt euch
                    uns zu plündern?
Ich bin der Chevalier Larron,
Der Eure Güter nimmt, weil ihr mich nicht
                    könnt hindern,
Und ich der stärkste bin.
Das heisset Kriegsraison.
Der König Ludwig hat mich selbst privilegiret =
Wie? Ludwig? = = Ja, Er selbst = = = das
                    kann ich gar nicht glauben.
Kann denn ein König auch die Räuberey er=
                    lauben? = = =
O ja; wer Kriege führt, der darf, um seinen
                    Feind zu schwächen,
Sich auch an seinen Gütern rächen. = =
Mit wem hat Ludwig Krieg? = = Mit wem?
                    Mit Engeland = =
Mit diesem Kaufmann auch, dem ihr sein Gut
                    entwandt?
Was geht euch Ludwig an, daß ihr für ihn
                    wollt rauben? = =
Ich bin sein Unterthan, sein Kaper, sein
                    Soldat;

Der

Der, wie die Kirche lehrt, wie ächte Christen
glauben,,
Wenn es sein Herr befiehlt, auch Recht zum
Rauben hat = =
Cartouche hat eben das, was ihr vollzieht, be=
gangen:
Warum belohnt man euch, warum wird der
gehangen? = =
Ihr Herren Chevaliers Larrons!
Ihr würget mit den Musquetons,
Und schätzt euch mit der Kriegsraison:
Doch wer geplündert wird, der fragt nicht nach
dem Tittel
Mit dem sein Räuber prangt: Er heisse Par=
tisan,
Ein Kaper, gar ein Held, ein Dieb, ein
grosser Mann,
Ein edler Admiral, ein hochgepriesner Büttel
Der seine Güter raubt ...
Er glaubt nicht, was der Pöbel glaubt,
Und denkt, weil er es fühlt, ihr seyd mit
allen Streichen
Die euch Gewalt erlaubt, Cartuschen zu ver=
gleichen. = = =
Ein König hat das Recht, auch Diebe groß zu
machen = =
So recht! So denkt der Thor: jedoch die
Klugen lachen.

Die

Die tolle Eigenmacht, macht nur die Sklaven blind:
Der Weise sieht allein was Vorurtheile sind,
Und weiß, wo Fürstenmacht unzäunte Gränzen findet = = =
Par Ordre thut man Recht, wenn man auch Menschen schindet =
Gut = jetzt versteh ich euch; Ihr thut nur was ihr müßt:
Und Herr Cartouch thut nur, was ihm gefällig ist.
Fürwahr der grosse Schelm muß edler denken können;
Als ihr Herr Chevalier? = Wer seyd ihr dann? Ein Christ = =
Ein Christ, das bin ich: ja .. so muß die Welt mich nennen:
An mir muß sie den Mann, der Helden dient, erkennen.
Ich bin der Chevalier Larron,
Der bald für selbst verdienten Lohn,
Des Königs Admiral, gar Pair und Duc kann werden,
Und das durch Ludwigs Kriegsraison.
Ein Kaper in der See: Ein Partisan auf Erden:
Ein Held, ein ächter Martis Sohn.

Ein Pachter in Paris von meines Herren
Renten =
So seyd ihr denn ein Schelm in allen Ele-
menten = = =
Was widerspricht dieß Weib! Matrosen!
eilet her!
Fort! mit der Hure, fort! gleich werft sie in
das Meer!
Sie hat die hohe Majestät,
Die keinen Widerspruch versteht,
Und nur was ihr gefällt, begehrt,
Den Ruhm des hohen Kaperrechts geschän-
det = = =
Gesagt, und auch gethan: Gleich war der
Spruch vollendet:
Man lästert, schimpft und flucht,
Und wirft sie über Bord = = Indem sie Ret-
tung sucht
Erblickt sie, wie ein Fisch, der sich vom Rauben
nähret,
Des schwächern Fisches Fleisch verzehret.
O denkt sie: Warlich Hecht! Du gleichst
den Alexandern,
Im Meer bist du der Held: hier frißt ein Fisch
den andern!
Doch nein! ich irre = nein = =
Par Ordre wird kein Fisch der andern Büttel
seyn.

Natur

Natur und Hunger zwingt den Fisch allein zum
Rauben;
Der Mensch erwürget den, der nicht, wie er,
will glauben.
Er handelt wider Recht, Natur, und Men-
schenpflicht,
Und wird für Fürsten Gunst ein Edler Bö-
sewicht = = =
Indem sie mit der Flut, und mit Gedanken
ringet,
Führt ein Ostindisch Schif vorbey.
O Glück! Du stehst der Tugend bei.
Die noch dein Sturm zum Hafen bringt.
Man sieht, man fischt sie auf, und bringt sie
an den Strand
Wo das miskannte Weib wie stets Verfolgung fand.
Nun geht sie weiter seufzend fort,
Sie sucht sich einen Zuflucht=Ort;
Und hoft in Brabant ihn zu finden.
O weh! Sie sieht das Gegentheil,
Dort bietet man das Recht gar feil,
Wo Richter nichts verstehn und Advokaten
schinden;
In Limburg, Falkenburg, Heerlen, Herzo-
genradt 1)

C 2 Mußt

1) Die Brabanter Justitz in criminali beruht,
laut Privilegio, allein in der Gewalt und Ent-
scheidung der Advokaten, welche hierzu aus ihrer
Gesell-

Mußt mancher brave Mann, auch ohne Miß
     sethat,
Nur weil er Geld zum Theilen hat
Und Amtmanns Mühe zahlt, am Galgen seuf=
     zend sterben.

Der

Gesellschaft ein Richterkollegium bestimmen. Was hierbey für Misbräuche geschehen, hab ich als Augenzeuge gesehen. Der Brabanter ist noch eben so dumm, fanatisch, als der Spanier. Die Drossarte oder Amtleute sind Sklaven des Monachismus, die Bischöfe Despoten, und das Volk glaubt noch an Mirakel und Hexereyen. Die Tortur wird sogleich im mindesten Fall zur Uiberzeugung anerkannt.

Die Prozesse sind kostbar. Wehe dem reichen Bauern, welcher eines Criminal=Verbrechens angeklagt wird, und in die Hände eines Amtmanns und seines Schwagern oder Schwiegersohns verfällt, der ein Advokat ist! Kein Land auf Erden nährt so viel dergleichen Geschmeiß, als Brabant. Im Herzogthum Limburg leben fast in jedem Dorf etliche Advokaten. Im Jahr 1768 oder 69 wurden allein in diesem Herzogthum 168 Menschen gerädert, geviertheilt, lebendig an langen Stricken verbrannt ... und die meisten waren reiche Bauern. Die Armen werden in Zeiten benachrichtiget, fals sie von mitschuldigen angegeben werden; und damit der Prozeß, weder Mühe noch Geld koste, welches sie nicht bezahlen können, so läßt man ihnen Zeit nach Aachen oder Mastrich und Lüttich zu flüchten, wo sie frey sind. Uibrigens ist hier merkwürdig anzuführen, daß man Missethätern, die viele Mordthaten begangen, und viel Geld geraubt

Der Schwager Advokat
Hielt mit dem Richter Rath,
Des Delinquenten Gut wird brüderlich getheilet
Die Unschuld selbst entgeht hier nicht:
Die Folter zwingt, das Urtheil spricht
Der Pfaff theilt mit ... Der Büttel eilet,

Doch

raubt haben, gestattet, daß sie aus diesem geraubten Vermögen eine Stiftsmesse und pia legate verordnen dürfen. Für die Kinder hingegen bleibt alles verloren und konfiscirt.

Edle Justiz unter Christen! Man sieht hier am sichersten, wie der Pfaff überall Vortheile zu saugen weiß, besonders in Brabant, wo Richter, Advokaten, und Scharfrichter seine gehorsame Beichtkinder sind.

Kurz: ich habe Greuel in Brabant gesehen, wovor der Menschenfreund zurück schaudert, und wenn nicht Hofbefehle damals nach Brüssel ergangen, mit der Inquisition und Exekution einzuhalten, so wäre vielleicht das Limburgsche ganz entvölkert, die Schuldige wären geflüchtet, die Unschuldige gehenkt, und die Herren Drossarte und Advokaten von beiden konfiscirten Gütern und Prozeßkosten reich geworden. Gott gebe, daß unser Monarch auch dorthin seinen Blick hefte, und ein anders Criminalgericht ordne.

Merkwürdig ist noch dieses: daß von den 168 Unglücklichen, wovon einige auf der Folter sturben, der größte Theil den Tod eben so begierig aus Fanatismus am Galgen, als die al-

ten

Doch wenn der größte Schelm nicht Sporteln
zahlen kann,
So klagt man ihn vergebens an.
Er kann sich ohne Scheu durch Rauben Geld
erwerben,
Und wenn er Messen kauft, hier schön und
selig sterben.

Gleich-

ten Saracenen und Spartaner auf dem Schlacht-
felde suchten: lachend und jauchzend giengen sie
allen Martern trotzig entgegen. Warum?
Weil bei der Erekution von 4 Hauptmördern
und Strassenräubern der Galgenpater eine Rede
an das Volk hielt: und demselben gut stand,
daß sie sicher alle 4 gerade in den Himmel gefahren wären, weil sie sich schön eingestellet,
Glaube, Liebe, Hoffnung gezeigt, und als Be-
kehrte Sünder gestorben wären.

Welcher Tod ist also leichter und seliger, als
der Tod am Galgen? Man lebt als ein Schelm
frölich: raubt, mordet, erlaubt sich alles: dann
sitzt man etwan 8 Tage im Gefängnis: denn
der Prozeß geht dort bald zu Ende: frißt und
sauft nach belieben, betet Rosenkränze, bekehret
sich, beichtet, wird absolvirt, und stirbt ohne Fieber,
noch Amputationen und Feldscherer Martern,
ganz leicht und schön am Galgen: verordnet eine
Stiftmesse, und geht als ein Heiliger vom weinenden Volk mit tausend Vaterunsern, Vorbit-
ten und Segen begleitet, franco Fegfeuer zum
Himmel.

So weit kann der theologische Eifer und
Wucher auch ein gutes Volk verderben, und
alle Sitten zerrütten.

Sehr

Gleich flieht Justitia
Aus Brabant, kommt nach Spaa:
Wo sie ein Hochgericht im schönen Vaurhall
   sah.
Drey Kerls am Pharotisch mit Karten in den
   Händen
Die wirklich Schelmen sind, auch Schelmen
   ähnlich sehn:
Die durch der Finger Kunst, betrogne Thoren
   blenden,
Und sich privilegirt, hier wie Marquisen blähn.
Die selbst der Grundherr ehrt, weil sie die
   Kunst verstehen,
Durch falsches Kartenspiel das Glück für ihn
   zu drehen,
Wovon er selbst als Fürst, den dritten Theil
   geneußt:
Und dennoch Fürst und Bischof heißt.

      Den

 Sehr thöricht, und dem Staat schädlich ist auch das Gesetz in Brabant, welches verordnet, daß die Erben und Blutsfreunde eines Menschen, der in Henkers Händen starb, kein Priester werden, kein Amt bekleiden, kein Handwerk lernen dörfen. Die Kinder müssen also, oder werden wenigstens gereizt, eben so zu leben, zu handeln, auch zu sterben wie der Vater.

 Ach Frau Justitia! thun sie doch einen Fußfall in Wien, und bitten für Brabant!

Den man der Spieler Schutzgott preiset.
Wenn der betrogne fremde Mann
Der gegen Schurken-Macht kein Recht erhalten kann.
Mit ausgeleertem Sack betrübt nach Hause reiset m)
Justitia mischt sich in das Spiel ....
Doch Chevalier Farcy, Monsieur de Bonneval!
Herr Doctor Limburg und der Freyherr de Vanbal:
Der Herr Marquis d' Argent
Der Spieler Oberhaupt, der Collonell Nugent:

Der

m) Man darf nur im dritten Bande meiner Schriften die letzten Briefe lesen, um sich einen Begrif von Spa zu machen. Wo der Bischof 40 pro Cent von den privilegirten Spielern am Pharaotisch selbst geneußt, und die Diebe in ihrer Mördergrube für so verfluchten Eigennutz ehrt, nährt, anzögelt und schützt. Wie manchen ehrlichen Mann sah ich daselbst ausplündern und unglücklich machen? Die Maitresse des vorigen Bischofs, Madame Grellet, eine Wirthstochter aus Aachen, zog jährlich 1000 Louidors aus der Spiel-Kassa, und ihr Schwager genoß noch mehr, um in seinem Hause offene Tafel zu halten, und die jungen Leute anzukörnen. Einige Adjudanten hingegen, reisen im Winter nach London, Paris, Wien und Haag, um Rekruten für das Spiel anzuwerben, auch Vögel auf den Heerd zu locken. Alles auf Unkosten der bischöflichen Spiel-Kassa. Proficiat!

Der ganze hohe Rath, des Galgens edle
          Stützen,
Beschlossen gleich nach ihrem Ziel,
Kein solches Weib in Spa zu schätzen,
Die ihren Ruhm zernichten will.
Der Bannstrahl kömmt von Lüttich schon,
Die alte Ketzerin soll für verdienten Lohn
Zehn Jahre im Gefängnis sitzen = =
Doch Frau Justitia fuhr mit der Post davon.
Sie fährt durch Aachen, Kölln, der Dummheit
          wahrer Thron.
Sieht =,= forschet = = und erschrickt = = flieht
          weiter nach dem Rhein,
Kommt endlich auch nach Mainz. Dort sieht
          sie eine Schaar
Von Missethätern, die nach äusserlichem Schein
In schweren Fesseln, mehr, als galgenwürdig
          seyn.
Ein Greiß war auch dabey: am Karren ange=
          schmiedet
Mit Hirschgeweyh am Kopf... halb todt, krank
          und ermüdet
Sank er in Ohnmacht hin = = Sie fragt...
          Mein guter Mann!
Durch welche Uebelthat, habt ihr dies wohl
          verschuldet?
Sprecht frey! Bekennt es mir! = =
Ach Gott! so hub er an:

Ich bin ein Bösewicht: ein armer Ackersmann.
Der wegen Hochverrath mit Recht die Strafe
    duldet.
O ja; = = Die Folter zwang = = Ich habe Ja
    gesagt
Da mein Gewissen mich verdammet und ver=
    klagt = = =
Was habt ihr dann gethan
Ihr unglückselger alter Mann? = =
Ach gnädge Frau! sehr viel: Ich will es
    euch bekennen
Wenn ich nur, wie mein Pfarrer spricht,
Für meine Frevelthat, nur Ewig, ewig nicht
Muß in der heissen Glut des Fegefeuers
    brennen.
Dann unser Fürst, ist Bischof auch
Der kann mich leicht nach Kirchen Brauch,
Weil ich ihm sündigte, so gar zur Höllen=
    flammen
Als Priester und als Fürst verdammen = = =
Was habt ihr denn gethan mein Freund? = =
O Gott! Bös hab ichs nicht gemeint.
Ein Hirsch, der mir mein Kraut, der Kinder
    Brod gefressen:
Ein Hirsch des gnädgen Herrn = = = Wie war
    ich so vermessen!
Ein Hirsch, der mich ganz arm gemacht
Weil er mir alles abgefressen.

                    Den

Den hab ich boshaft umgebracht ...
Ach! du gerechter Gott! Vergib mir meine
Sünden!
Auf Erden leid' ich alles gern,
Jedoch bey unserm gnädgen Herrn,
Ist für Verbrecher meiner Art,
Sein Priester Herz so Felsen hart,
Daß kein Erbarmen wirkt = = Bei Gott hoff
ichs zu finden = = n)
Justitia erschrack: Es pocht ihr edles Herz,
Unselig Deutschland! rief sie mit gerührtem
Schmerz!
Verfluchtes Fürsten Recht mit Priester Macht
verbunden,
Hat nicht der Teufel selbst solch Gaukelspiel
erfunden?

Wo

---

n) Diese Schilderung ist nach dem wirklichen Original. So geht es leider! im römischen Reiche: am ärgsten aber da, wo der Fürst ein Erzbischof oder Cardinal ist. Wie viel abscheuliche Geschichten könnte ich hier erzehlen, wovor die Menschheit zurück beben müßte. Ich ziehe aber den Vorhang zu, weil das Uibel gar nicht vermindert werden kann, wenn gleich der Fürst zuweilen als Mensch fühlen könnte, so fühlt doch der böse Priester-Stolz kein Erbarmen, der als Statthalter Gottes, ärger als der Teufel, seine Unterthanen schindet, weil er sie als Martirer und Bettler zum Himmel führen will.

Wo bleibt die Menschenpflicht? Betrogne
  Thoren glaubt,
Daß solche Grausamkeit der Christen Gott
  erlaubt?
Dann seyd ihr dummer wie das Vieh,
In eurer Schulphilosophie.
O weh! ich will nicht weiter gehen:
In Würzburg, W****g, soll eben das ge=
  geschehen:
In Salzburg auch: in Darmstadt ... ach!
Wo ist für mich wohl größre Schmach
Als Folgen solcher Eigenmacht, mit Ohnmacht
  schweigend anzusehn!
Ihr Zwerg=Monarchen lebt! falls ja der Pö=
  bel sieht,
Was euer Riesenstolz im Licht der Warheit
  flieht.
Der deutsche Sklav soll dumm bei Unterdrük=
  kung bleiben,
Die güldne Bulle spricht:
Das höchste Reichs Gericht,
Das, wie der Pabst in Rom, ohnfehlbar in
  der Pflicht
Der frommen Deutschen Urtheil spricht
Muß dieses Urtheil unterschreiben. o)
Der Deutsche soll ein Deutscher bleiben:
                                    Und

o) Hier könnte ich sagen: practica duce doceo.
  Ich würde gewiß nie zu viel sagen. Mein Pro=
                                             ieß

Und aus dem hohen Reichs Gericht,
Sind keine Teufel auszutreiben.
Denn was der Herr Agent nach Gunst und
 Gnade lenkt,
Wird ewig Gottes Willen bleiben.
Man weiß, daß man nicht viel an meine
 Wage denkt:
Sie schlägt nach Willkühr aus: Mein Schwerdt
 bleibt in der Scheide
Und Schufte nennen mich, wo ich am meisten
 leide.

Das jeß mit dem sogenannten Schöffen-Gericht in Aachen, ist reichskündig. Der Referent in Wien war bestochen, und versprach in einem Briefe ... Er würde die Sache schon so lange er lebe verzögern, und mich müde machen. Referirte wirklich falsch, und er schlich ein ungerechtes nie erhörtes Konklusum. Ich verlohr hiedurch über 22000 fl. baar Geld.. Was nutzt es mich aber jetzt, daß der gerechte Kaiser eben diesen Referenten endlich im vorigen Jahr mit Schmach kaßirt hat, mein Geld bleibt verloren, und gegenwärtig zeigt sich bei den Aachner Revolutionen öffentlich, was diese Aachner Vogt und Richter vor strafwürdige Kerl sind, deren falschen treu und ehrlosen Berichten, man in Wien fidem publicam beilegte.

Gott gebe nur, daß ich der letzte bin, welcher von Reichsgerichten mishandelt wird. Eine kleine Genugthuung, die ich mir nehme, wann ich die Wahrheit aufdecke, ist mir gewiß nicht zu verübeln. Ich habe sie theuer bezahlt.

Das heißt Justitia in unserm Römer Reich:
Und diese Schilderung sieht ihr am meisten
gleich.
Ich hab auch nie gesucht sie näher zu betrach‍
ten:
Man sagt sogar, sie sey auf Ostern zu ver‍
pachten.
Der Referent erzählt, was, und wenns ihm
gefällt:
Und so liegt der Prozeß, wo Unterdrückte
schmachten,
Auch fünfzig Jahre still: Ach Gott! wann
wird die Welt
Doch endlich klüger seyn, und ihre Büttel
kennen?
Wann wird sie mir auch Platz in ihrem Richt‍
stuhl gönnen?
Ich war in Düsseldorf ... Dort gilt ein schö‍
ner Brauch: p)
Der Adel, den sie dort, des Landes Stütze
nennen,
Frißt, schmaußt der Bauern Fett; füllt Beutel
und den Bauch.

Auf

―――――

p) Das in Düsseldorf erhaltene Privilegium de
non appellando in Wien, hat schon manchen
ehrlichen Mann unglücklich gemacht. Nirgends
auf Erden wird die Gerechtigkeit ärger mishan‍
delt, als in diesem Herzogthum ... Herr Ge‍
heimer Rath K**pp, welcher mit einem
Aachne

Auf Bauern Rechnung = = und spricht Macht=
  spruch nach Belieben.
Das heißt ein Landtag, und des alten Adels
  Recht;
Dann bleibt das Neue so, wie es die Alten
  schrieben.
Der Herr ein Souverain, der Unterthan ein
  Knecht
Nach Baiern will ich gar nicht reisen:
Wenn gleich den Theodor viel gute Leute
  preisen.

Er

Aachner Schäffen, und mit dem Vogt Etier=
hausen das Vermögen der Badenberger Gemeine
auf die ruchloseste Art theilte, beliebe sich bei
Durchlesung dieses Blattes meiner gnädigst zu
erinnern. Wann sein Herr nur diese Sache
allein gründlich untersuchen ließ, und derglei=
chen Bubenstücke strafen wollte, was würde er
mit seinen Helfern für einen Lohn erhalten?
Justizverbrecher, die den Wehrlosen plündern,
verdienen den Strick. Im 2ten Bande meiner
Lebensgeschichte hab' ich ihm zu ehren ein
Stückgen von seiner Arglist erzehlt, welches mich
selbst betraf, und wofür ich ihm noch vollwich=
tige Belohnung schuldig war. Der Aachner Vogt
und Meyer, welcher im Justiz Kollegio präsi=
dirt, sollte vor etlichen Jahren in Amsterdam
selbst gehenkt werden. Er entflohe aus dem
Kerker, und ist noch Richter in Aachen. So
gehts im Römischen Reiche!

Er ist ein guter Fürst; Doch ach! Er ist zu
gut.
Dem Unterthan gilts gleich, wer ihm das Un=
recht thut.
Durch Nachsicht, Trägheit, oder durch Tiran=
nen Wut.
Sein Ministerium .... O Gott, wer dieses
kennet,
Der sieht ... Das Vaterland dient ihrem Ei=
gennutz:
Der Priester absolvirt: Die Glaubensfackel
brennet,
Und nirgends fühlt Verdienst des Landes=Va=
ters Schutz.
Serail, und Pfaffen=Regiment,
Macht allen Rechten bald ein End',
Und denkt der Fürst so schön, so gut als An=
tonin.
Wenn er das Ruder selbst nicht führet:
Dann wird die Herrsch= und Habsucht kühn,
Und mancher kleine Schurk regieret = = =
Die Schwaben will ich gar nicht sehn.
Man sieht sie überall nach Indiens Kolonien
Nach Ungarn und nach Polen ziehen.
Es muß zu Hause übel gehn,
Sonst würden sie gewiß ihr Vaterland nicht
fliehen.

Nun

Nun palt Justitia ein. Sie will nach Kaſſel
reiſen,
Und auch den jungen Fürſten ſehn,
Den ſo viel Menſchenfreunde preiſen;
Sie kommt in Kaſſel an: hört was man von
ihm ſpricht;
Lernt ſelbſt den beſten Herren kennen,
Den Tugendfreunde Vater nennen,
Und der nach edler Fürſten Pflicht
Nur lernen will, wie er ſein Volk kann glücklich
machen!
Der nicht mit falſcher Tugend prahlt;
Und deßhalb nie die Zeitungsſchreiber zahlt—
Nun reicht ſie ihm die rechte Hand
Er küßt ſie ehrfurchtsvoll = = Sie lehrt ihn wie
ſein Land
Durch ihn kann glücklich ſeyn, durch ihn im
Wohlſtand lachen,
Das ehmals nichts als Sklaverey gekannt.
Ha ſagt ſie dieſes kleine Land
Soll groß im innern Werth, durch meinen
Segen blühn = = =
Des edeln Fürſten Wangen glühn,
Sein Herz fühlt reine Himmelsluſt —
Juſtitia drückt ihn recht zärtlich an die Bruſt;
Er ſchluchzt und hält ſie feſt … nun fällt er
auf die Knie,
Fleht = = Mutter! Ach verlaß mich und die
Heſſen nie.

Trenck's Schr. 8. B.   D   Ich

Ich will mich nur für sie bemühen,
Und Eigenmacht auf ewig fliehen ...
Doch ach! Justitia verschwand im Augenblick
Und eine Himmelsstimme ließ sich hören = =
Fürst! folgst du treulich meinen Lehren,
So komm ich bald zu dir zurück,
Und will in Kassel bey dir wohnen.
Gott! rief der Fürst entzückt: Willst du die
     Tugend lohnen,
So führe mir dies göttlich Weib zurück!
Und heimlich flossen Schwermut = Zähren . = =
Geduld mein Fürst! die Reise soll nicht lange
     währen,
Sie sucht umsonst ein grosses Land
Und wird, was sie in Kassel fand,
In grossen Staaten niemals finden;
Wo Tugend, Fähigkeit,
Verdienst und Redlichkeit,
Beym Anblick kühner Eigenmacht verschwin=
     den. = = =
Nun kommt Justitia in Koppenhagen an
Sie bleibt am Hochgerichte stehen   q)
Und sieht ... O Gott was muß sie sehen

         Was

q) Die wahre Geschichte der unglüklichen König=
 gin, des Struensee und Brand, ist niemanden
 besser als mir bekannt. — Sie waren blutige
 Opfer der Rachsucht und Hoffkabale. Ich schrieb
 damals die reine Wahrheit in der Aachner Zei=
 tung, und hatte deßhalb viel Verdruß und Hän=
         del,

Was Niemand hier entwickeln kann.
Sie frugt ... Warum starb Brand? Warum
      starb Struensee? = 5
Die todten Schedel sprechen nicht;
Gleich kommt der Hof = Fiskal ... ließt ab
      was Münter spricht:
Was Ranzan rühmlich that ... Dann kommt
      der Doktor Hee
Mit Kanzelredner Lust, mit Blut bespritzten
      Händen,
Will er die Königin noch in der Grube schän=
      den.

del, die mich aber nie abschrekten: Es ist zu verwundern, daß bisher noch niemand die Ehre dieser todten Schlachtopfer in einer unpartheiischen Schrift geschützt, und das ganze Räthsel aufgedeckt hat: Mir sind alle Geheimnisse von dieser merkwürdigen Begebenheit bekannt. ... Ein fremder Minister, mein Freund, in Koppenhagen, entdeckte mir alles, und da ich in der Folge die unglückliche Königin in Zell sahe, selbst sprach, und ihr Vertrauen durch meine Schriften erworben hatte, gab sie mir Aufträge, um selbige nach ihrem Tode bekannt zu machen, die mein Blut empörten, mein Herz erschütterten, und noch ehe ich sterbe, der Welt durch meine Feder geschildert werden sollen. Doktor Münter und Hee, waren die gelehrte Theologen, die zu Galgenpriester des Struensee gewählt wurden. Diese haben viel geschrieben, und als Hoftheologen viel gelogen.

Da er die Todten Schelme heißt,
Die dümmste Hofkabal, als kluge Vorsicht
preißt,
Und als Evangelist, bezahlt vom bösen Geist;
Die Menschen will wie Finken blenden,
Doch das was Keith erzehlt, was Trenk in
Aachen schrieb,
Nebst der Erklärung schuldig blieb.
Fort! rief Justitia. Ihr Schurken! ihr Be-
trüger!
Nur Dänen macht ihr blind. Die Nachwelt
urtheilt klüger,
Schämt euch! Denn jeder Staatsmann sieht
Was ihr verbergen wollt, und doch umsonst
bemüht,
Eur Protokoll ist falsch: Weil Todte nicht
mehr sprechen,
So wird die aufgeklärte Welt,
Die euern Richterspruch für Gauckeleyen hält,
Dennoch der Todten Ehre rächen.
Nein, nein! Ihr Dänen lebet wohl!
Hier ist kein Platz für mich, auf dem ich rich-
ten soll.
Kein Richter muß Partheigeist kennen;
Kein Richter muß in Rachsucht brennen;
Kein Richter spricht wie Cäsar will;
Kein Richter schweigt bei Unterdrückung still;

Nein;

Nenn; Struensee und Brands Geschichte,
Beschimpft die Kriminal=Gerichte
In Dännemark; wie Ludwigs Thron,
Der Syrven Todt: Der Kalas Lohn.
Nun eilet sie aus Koppenhagen
Denkt = = guter, blöder Fürst! wie bist du zu
beklagen.
Und reiset nach Stockholm ... Fand sie dort,
was sie sucht? r)
O nein! Ein stürmisch Volk, das edler Frei=
heit flucht.
Ein

r). Die Begebenheiten bei der letzten Revolution in Stockholm, sind niemanden so bewußt als mir.

Ehe sie ausbrach, hatte mir der Prinz Carl, des Monarchen Bruder, den ganzen Entwurf entdekt, mit dem ich in Aachen und Spa 10 Wochen in täglichem Umgang lebte, auch mit ihm nach Holland reisete.

Gleich nach dem Ausbruche kam General Sprengparten nach Aachen, welcher eigentlich das ganze Werk entworfen, auch ausgeführt hatte, der sich aber mit dem Monarchen vereinigte, und als der gefährlichste und wichtigste Mann in Schweden sein Vaterland verließ, um wichtige Entwürfe gegen seinen König auszuführen.

Ich erhielt aus Stockholm den Auftrag, diesen Mann aufzusuchen, alles mögliche anzuwenden, um sein Vertrauen zu gewinnen, und ihn zurückzubringen.

Diese

Ein Adel, der vorhin sein Vaterland verkauft,
Für Karl des Zwölften Ruhm, blind, niederträchtig rauft,
Und da er frey war, nur durch Niederträchtigkeit,
Der Nachbarn Werkzeug blieb. Der alles Weh und Leid,
Den andern Ständen zugefüget,
Und endlich da ein Gustav sieget
Gekrümmt vor seinem Thron, in Sklaven-Fesseln lieget
Und alles zitternd thut, was Eigenmacht gebeut.

Diese Unternehmung glükte mir. Es war wirklich mein größtes und beschwerlichstes Meisterstük, das ich in meinem Leben bewerkstelligte. Er wurde ganz mein Freund. Vertraute mir alle Geheimnisse seines Vaterlandes und des Monarchen, dessen vertrauter Freund er ehmals war. Da er in eine hypokondrische Krankheit verfiel, und alle Tage zu sterben sich einbildete, übergab er mir sogar alle Staats-Schriften und Briefe des Königs, die in seinen Händen waren; auch seinen ganzen Entwurf, die Souverainität wieder zu zernichten.

Endlich gelang es mir, diesen rechtschaffenen schwedischen Patrioten wieder mit dem Könige auszusöhnen, und ihn selbst nach Stockholm zurück zu bringen.

Nun hofft man, wird es besser gehen,
Der alte Schwedengeist erwacht,
Doch ach! die Sonne bleibt im Thal zu
    Zibeon stehen
Und Iosua, Amaleck, so gar Vergennes lacht.
Die dies Mirakel nie geglaubet noch gesehen,
Auch niemals es zu sehen, wie Leibnitz sagt,
    gedacht.
Jetzt denkt Justitia = = Ihr Schweden gute
    Nacht!
Eur Gustav denkt zwar gut; allein er liebet
    Pracht:
Und Schweden ist zu arm ... Er hörte viel
    erzählen,
Von mir; und wollte mich zur Mitregentin
    wählen.

Doch

Man ist in Schweden überzeugt, daß ich als ein ehrlicher Mann und allgemeiner Weltbürger gehandelt habe. Die mir vertraute Schriften sind in des Königs Händen, und der russische Anschlag, den Sprengporten nach ihren Absichten zu lenken, hat fehlgeschlagen. Die Partheyen von der Mütze, und vom Hute, sind nicht mehr so leicht zu gewinnen.

Unter meinen Schriften wird sich nach meinem Tode ein Manuscript finden, welches Schwedens Schicksal und Einfluß in die Europäischen Kabalen entdecken, auch meinem Karakter Ehre machen wird.

Doch ach! der junge Herr, fand mich für
ihn zu alt,
Die junge Frau Iustice, hat auf ihn mehr
Gewalt;
Er hat sie in Paris gesehen,
Und hofft, vielleicht kann es geschehen,
Daß Ludwig ihm ein Kind, das Schweden
klug berückt,
Von dieser Hurenart, an meine Stelle schikt.
Geduld! wenn es geschieht ... Noch eins hab,
ich zu sagen
Das mir hier nicht gefällt. Folgt meinem
treuen Rath,
Sonst seyd ihr Schweden in der That,
Mehr, als ihr glaubet, zu beklagen.
Laßt Luthern nicht so freyen Willen
Sonst wird er eben das, was Rom einst that,
erzielen.
Herrscht hier nur eine Religion,
Dann folget sicher auch die Inquisition.
Und Narr und Weiser darf nicht denken, thun
noch glauben,
Was ihm die Priester nicht erlauben.
Das ist der allerbeste Rath
Zum Vortheil im gesunden Staat,
Wenn jeder was er will, Gewalt zu glauben,
hat.
Denn wo viel Pfaffen disputiren,
Da wird kein Pabst den Scepter führen.

Die

Die Arglist macht der Wahrheit Platz.
Und alle Wissenschaften blühen.
Wo Herrschgeist in der Priester List
Der Klugheit nicht zuwider ist,
Und sich nicht darf bemühen
Des Landes besten Schatz,
Die Jugend zu erziehen.
Ich habe viel gehört, daß Brandenburg ganz frey,
Vom Glaubenszwange sey:
Nun will ich noch zu dem, den so viel Weise preisen
Zum grossen Friedrich reisen.
Und sehn, ob man die Wahrheit spricht,
Gefällt es mir da nicht?
So fordert meine Pflicht,
Die ganze Welt zu sehen
Und ihre Richter zu belehren.
Ich will, um viel Gespött zu meiden,
Mich künftig als ein Mann verkleiden.
Vielleicht wird man mich mehr Verehren.
Nun reißt sie nach Berlin, und das in Männertracht, s)

Als

---

s) Von Berlin muß ich ja auch etwas sagen. Dort habe ich ja die Gerechtigkeit an meiner Haut kennen gelernt. Man lese meine Lebensgeschichte, um zu sehen, daß der grösste, edelste, und gerechteste Monarch dennoch irren, und — den besten Staatsbürger mishandeln könne, wann er nicht alles denen geschriebenen Landes

Als ein berühmter Arzt, mit Pässen wohl ver-
    sehen.
Doch ach! O böses Glück, der Fähndrich
    von der Wacht,
Muß eben bei dem Thor, bei seiner Schild-
    wacht stehen.

Er

besgeschen gemäß beurtheilen und richten läßt: Wenn er einseitigen Berichten glaubt, hiedurch der Verläumdung offenes Feld einräumt, und durch Machtsprüche, über Leben, Ehre, und Wohlfahrt eines Staatsbürgers, willkührlich entscheidet.

Eben dieses ist mir geschehen. Ich wurde ohne Verhör noch Untersuchung, als ein Uebelthäter mishandelt. Tausend Zeugen in meinem Vaterlande reden mir das Wort: Meine Lebensgeschichte erweiset alles, ohne Widerspruch; Meine Standhaftigkeit allein hat gesiegt, und meine Ehre forderte, daß ich die Wahrheit schreiben mußte.

Diese kann die Asche eines großen Friedrichs nicht beleidigen. Der weltweise König war ja auch nur ein Mensch, den Wahrscheinlichkeit hintergehen konnte. Er wußte auch schon, eh er starb, daß ich das Opfer seiner Uebereilung war, er bedauerte mich vielleicht, starb aber, ohne mich zu lohnen, noch mir öffentlich Gerechtigkeit widerfahren zu lassen.

Dieses fordert die Unfehlbarkeit, der Ehrgeiz des Monarchen oder Selbstherrschers. Pereat unus pro multis! Wehe dem, den das Loos trift! und den die Staatsklugheit zum Opfertische schleppen muß! . . . . .

Ich

Er fragt = = Wer seid ihr Freund? = = = Ich
   bin Justitius,
Und will = = hier ist mein Paß
Von hier nach Dresden gehen = = =
Potz Blitz! sagt der Sergent! Der Kerl hat
   ja sechs Fuß.

Herr

Ich könnte noch andre nennen, die durch Machtsprüche verdammt wurden, sie sind aber in Spandau gestorben, sie hatten weniger Kräfte des Leibes und der Seelen, als ich, um dem Schicksale zu trotzen: und folglich ist es ihnen gegenwärtig gleichgültig, was man von ihnen spricht. Dem todten ehrlichen Mann kommt die irrdische Gerechtigkeit zu spät. Uebrigens ist es ja auch unmöglich, daß ein kriegrischer König in allen Fällen gerecht seyn könne. Wie viel elende Menschen sah ich als Deserteurs im Jahr 1744 henken, die nur wegen Ohnmacht und Mattigkeit auf dem Marsche liegen blieben, und von den Husaren als Ueberläufer eingebracht wurden. Die Standrechte sind zu kurz, und der Generalgewaltige, oder Grand Profos, entscheidet zu geschwinde, um das Recht der Menschen zu untersuchen. Der Kriegs-Gott will es so, und kriegerische Fürsten können selten Menschenfreunde seyn. Die Gewohnheit, Unglückliche zu sehen, versteinert das Herz; und der Philosoph König, wird in den Elisäischen Feldern viel Seelen begegnen, die ihm ihren Uebergang aus diesem Jammerthal, in eine bessere Welt zu verdanken haben.

Im Kriminali war demnach Preussen eben nicht das Vorbild für Gerechtigkeitsliebe,

seine

Herr Fähndrich! welch ein Glück ist das?
Zerreissen sie den Paß!
Klagt er? Der Kerl muß lügen;
Für solchen Vortheil darf man Gott und Welt
betrügen.

Betrug,

seine militärische Regierungsform, wo Ordre präsidirt, und thierische Subordination unser Menschenrecht zernichtet, kann nicht anders, als in gewissen Fällen, grausam seyn.

Was aber die bürgerliche Gerechtigkeit in allen Gerichtsstellen betrift; so hat dieser Monarch wirklich Wunder seiner Weisheit und Justizneigung gezeigt.

Alle Staaten Europens sollten die preußische Prozeßeinrichtung zum Muster wählen. Die erste Pflicht eines Monarchen ist, daß er seinen Unterthanen Recht in ihren Streitsachen, auch sogar gegen ihn, gegen den Fiskum selbst, verschaffe. Dieses hat Friedrich durch anhaltenden Eifer und Ernst endlich in seinen Staaten bewirkt, seitdem ihm der Frieden gestattete, einen so edeln Entwurf glüklich auszuführen. Einem jeden widerfährt nunmehro in Preussen Gerechtigkeit, die Richter sind glüklich gewählt, sie besitzen Willen, Fähigkeit und Vaterlandsliebe, auch edeln Ehrgeiz, um ihre Amtspflichten zu erfüllen. Die Advokaten hingegen tragen unsichtbare Maulkörbe, und müssen auch endlich ehrliche Männer werden, wo Fürst und Gerichtsstelle sich keine Nasen drehen lassen. Kabalisten an den Pranger stellen, und eigennützige, schlaue Betrüger, von allen Geschäften zu entfernen wissen. Seliges Land! welches

Betrug, heißt da für Itzt, wenn man Re-
 kruten macht,
Zu unsers Königs Dienst, für seiner Guarde
 Pracht,
Muß ja ein Officier kein kleines Unrecht
 scheuen,
Gotts Mutter! wie wird sich der Hauptmann
 nicht erfreuen!

Herr

Sies wird deinem Wohlstand, deiner Macht gleichen, wann einmal Wilhelm, der Menschenfreund, da den Scepter führt, wo Friedrich der Scharfsichtige, schon alle Pflanzschulen für Staatszöglinge, Richter, Helden, und Finanz-Räthe angelegt, und für jedes Fach Männer hinterläßt, welche ihr Vaterland groß, auch glücklich machen werden!

Warum bin ich nicht 60 Jahre später auf der Weltbühne erschienen? Frau Justitia! nehmen sie aber gegenwärtig nicht übel, wenn ich ihre Berliner Geschichte offenherzig erzähle... Dieses geschah aber schon vor 40 Jahren. Gegenwärtig können Sie mit Ehre zurück kehren, und werden sicher auch in Potsdam unter Abfeyrung der Kanonen, ehrfurchtsvoll empfangen werden. Sie werden dem gegenwärtigen Landesvater die Hand küssen, er wird vor Freuden Helden-Thränen vergiessen. Wilhelm räumt Ihnen seinen Pallast, seinen Thron, sein Herz, sein Bette ein. Und alle Schildwachten werden Ihnen das Gewehr präsentiren, auch als Major du Jour, wenn sie im Lande die Runde holten wollen, wird man ihnen überall die Parole geben. Justitia und Wilhelm, oder Friedrich und Cäsar.

Herr Fähndrich! Sackerment! Herr Fähn-
                drich denken Sie!
Zehn Thaler sind viel Geld für Sie.
Und fünf dazu, für meine Müh
Der Handel wird sie nie gereuen – –
Was thut ein roher Fähndrich nicht?
Was kennt der Lapp von Menschenpflicht?
Er thuts, zerreißt den Paß ... O junger
                Bösewicht!
Justitius wird blau geschlagen;
Schwört, muß den blauen Rock, am blauen
                Rücken tragen.
Und wird ein Musquetier ... Allein er de-
                sertiret
Doch ach! O böses Glück!
Die Bauern fangen ihn, sie führen ihn zurück
Und er wird wie ein Schelm in das Verhör
                geführet,
Sein eigner Hauptmann präsidiret
Der Fähndrich saß dabei, und auch der Herr
                Sergent,
Der mit zwei Korporals, zum Prügeln fertig
                stand.
Der Delinquent muß auf die Fragen,
Um Schlägen zu entgehn, sonst nichts als Ja,
                ja sagen,
Ach Frau Justitia! wie bist du zu beklagen!

So bald er sprechen will, und nur die Zunge
     rührt;
Dann heißts = = Schlagt Korporals! Der
     Kerl hat raisonirt.
Du bist einmal Soldat, gezwungen oder nicht,
Du hast die Treu geschworn: Verruchter
     Bösewicht.
Und du bist desertirt ... Die Kriegs=Artikel
     sprechen
Der Galgen ist dein Lohn = = =
Gehenkt = = = = Ja wohl gehenkt
Der Kerl hat ja sechs Fuß = = dieß mindert
     sein Verbrechen.
Die Todes = Strafe wird geschenkt;
Aus Gnade soll er nur drei Tage Gassen
     laufen.
Fürwahr, die Strafe ist nicht schwer,
6000 Streiche, und nicht mehr
Dann kann sein Hauptmann ihn, noch mit
     Gewinnst verkaufen.
Nun rückt der Tag heran, zur Erekution
Es doppeln sich die Glieder schon;
Es heißt = = den Rock herab! = = Justitia hebt
     an zu spotten
Und sagt, weil sie es sagen muß
Ich bin nicht mehr Justitius.
Ich bin ein Weib, und nicht ein Mann.
O weh! Hier gieng das Toben an!
     Will

Will eine Hure uns verspotten!
In siedend Pech und Oehl gesotten;
Ist noch nicht Strafe gnug, für solche Fre=
  velthat.
Wodurch sie unsers Königs Thron
Gar die Subordination,
Des Standrechts Majestät beleidigt hat.
Gleich führt man sie zum Magistrat,
Und überliefert sie dem edeln Stadtgericht:
Doch ach, der Präsident, Rath und der
  Referent,
War auch ein alter Herr Soldat.
Der nur vom Reglement und von Kanonen
  spricht:
Hier ginig es eben so, wie bei dem Re=
  giment.
Denn widersprechen darf man nicht.
Man macht ihr gleich viel schwere Fragen
Doch der Beklagte darf gar keine Antwort
  sagen
Gleich brüllt der Präsident: halts Maul!
  und schweige still!
Man weiß ja, eh sie spricht, schon was sie
  sagen will.
Wenn man sie lange hört, sie würde Recht
  behalten,
Wir aber sind nur hier, die Ordre zu ver=
  walten.

Die

Die sie verurtheilt hat = = = Ihr Herren
                 sprecht nur Ja = =
Vivat der Präsident! Fiat Justitia!
Nun schallt der ganze Rath von Ja ja, sie
                  grunzen, brummen,
Wär Cicero verklagt, er müßte hier ver=
                  stummen.
Man packt die Akten ein. Die Ordre lag dabei,
Nur dies schrieb man dazu, daß sie zu gnä=
                  dig sey.
Der Präses rief = = Bravo! der Rath war
                  bald zu Ende.
Der wichtigste Prozeß, wird kurz durch unsre
                  Hände:
Wird Christus hergeführt, so spricht Pilatus
                  Knecht,
So klug, so treu wie ich = = = Gott hat bei
                  mir kein Recht:
Und was mein Herr befiehlt: Ich steh in
                  seinem Brod,
Und wer mir widerspricht, der kriegt die
                  Schwerenoth = =
Gleich eilt ein Hescherschwarm herbei:
Erhascht Justitia, man schleppt sie bei den
                  Armen
Zum Richtplatz, alles jauchzt: Der Pöbel
                  ohne Scheu

Jauchzt, schimpft und spottet nur, kein Mensch
zeigt hier Erbarmen.
Justitia muß das Brandmarken leiden,
Wird ausgepeitscht, und soll Berlin auf
ewig meiden.
O Schmach! Justitia! die nun den Preussen
flucht,
Der König, der dich längst in allen Winkeln
sucht;
Der grosse Friederich, war just, da es ge-
schah,
In Potsdam auf der Wachtparade:
Er hörts = = = Ach rief er = = Ewig schade!
Justitia war Mir so nah
Und die verfluchte Kerl, die kein Latein ver-
stunden:
Die mein Gesetzbuch nicht, nach ihrem Kopf
gefunden:
Die können nach den Kriegsartikeln,
Der Menschen Rechte nicht entwickeln.
Und haben einen Narrenstreich gemacht.
In Spandau sollte sie wohl eingeschlossen
sitzen,
Sie könnte dort dem Staat am allerbesten
nützen.
Dort würde was ich will, nicht was sie will
vollbracht = =
Setzt nach! Wacht eilet! folgt = = Husaren
reitet nach!

Bringt

Bringt mir das Weib zurück! = = Umsonst!
  Sie war verschwunden,
Sie hatte in Stettin sogleich ein Schif ge=
  funden.
Und fuhr nach Petersburg. Nun denkt sie
  aller Schmach,
Die sie erlitten hat, erst mit Erstaunen nach.
O! denkt sie, Friederich! so groß du immer
  bist,
So groß dein Eigensinn, als Mensch, als
  König ist;
So klein erscheinst du mir, wenn ich dich
  scharf betrachte,
Und jede Heldenthat, die Menschheit kränkt,
  verachte.
Der Unterthanen Recht, weft guter Fürsten
  Pflicht,
Wer unumschränkt regiert, den schätzt der
  Weise nicht.
Doch Hoffnung! = = Wilhelm lebt! = = Er ist
  mein bester Freund,
Er hat sehr oft als Kind, an meiner Brust
  geweint.
Er ist mein liebster Sohn. = = Er fühlt wenn
  andre lachen,
Und wird gewiß sein Land, vollkommen
  glüklich machen.
Gott geb ihm Leben, Glück,
Dann kehr ich bald zu ihm zurück.

E 2   Jauchzt

Jauchzt Preussen! hofft auf ihn! Er wird euch ohne Waffen,
Durch mich Ruhm, Ueberfluß und alles Wohl verschaffen.
Der Trenck, der dieses schreibt, der ihn ver=
ehrt und kennt:
Dem noch ein junges Herz für ihn im Busen brennt,
Wenn gleich der graue Kopf an Magdeburg noch denkt.
Jauchzt mit, wenn er vielleicht,
Auch noch das Ziel erreicht.
Wo wir ein edles Volk, aus seinen Sklaven=
Ketten,
Der Menschheit zum Triumpf, durch Wilhelm werden retten.
Gott gebs! Gott schick' es bald! = = Nun schallt ein Jubellied,
Still in der obern Luft = = und führt, was Niemand sieht,
Der Tugendfreunde Wunsch, durch Martirer Getümmel,
Im säuselnden Geräusch zum Himmel.
Der grosse Friedrich stirbt ... Gut, denkt Justitia,
Berlin, du treibst mich fort, bald bin ich wieder da.
In Zukunft bist du doch, der schön gewählte Ort,

Wo

Wo ich will, wie in Rom, regieren,
In Braunschweig hab ich guten Samen aus=
gestreut,
In Sachsen wird zu seiner Zeit
Mein Ruhm, wie in Westphalen, blühen,
Und Kassel lohnt schon mein Bemühen:
So ist der deutsche Nord, für meinen Thron
bereit.
Und wohn ich einst in Sans souci,
Dann soll Ost, West, und Süden nie,
Die Ruhe meiner Kinder stöhren.
Wo ihre Fürsten mich, so wie ihr Volk, ver=
ehren = =
Nun kommt Justitia, in Kronstadt glüklich an,
Eilt gleich nach Petersburg t) sieht, was
sie sehen kann.

Ein

―――――――――

t) Wem daran gelegen ist, zu wissen, ob ich das
rußische Reich kenne: Der lese meine Lebensge=
schichte; auch im 4ten Bande meiner Schriften
die Abhandlung von der National = Tapferkeit,
im Artikel von Rußland, pag. 206. Uebrigens
gebe Gott der wirklich grossen Monarchin, Glück
und Hülfsmittel, um den National = Karakter
der Russen umzuschmelzen, dann wird ihr wei=
ses Gesetzbuch Völker glücklich machen.

Bis aber dieses wirklich bewerkstelliget ist,
muß Frau Justitia noch in andern Welttheilen
herumirren.

Ein Weib, die männlich herrscht, die groß
    zu seyn verdienet,
Ein jeder Zug verräth den Geist,
Den man an ächten Helden preißt.
Durch den der Russen Staat, in Wohlstands
    Blüte grünet.
Sie sieht was Katharina will:
Es soll für Völker Glück, ihr Herz im Wohl-
    thun glühen,
Die Wissenschaften sollen blühen . . . .
Doch ach! Sie fordert noch zu viel:
Der Ruß soll wie ein Römer denken;
Die Richter soll kein Mensch beschenken;
    Und

Was ihr aber noch auf dieser Wanderschaft für Abentheuer begegnen werden, dieses will ich schreiben, wann ich bereits werde gestorben seyn . . . . Heuchelei, Unwahrheiten vortragen. Dieses ist nicht mein Werk. Ich bin schon zu alt, zu redlich, um nach niederträchtigen persönlichen Vortheilen zu buhlen . . . Meine grauen Haare sollen nicht am Rande des Grabes mit erschmeichelten Lorbern besudelt werden. Und ich will so schreiben, als ich dachte: so handeln, als ich schrieb: auch so sterben wie ich gelebt habe. . . . Die Folgen sind mir gleichgültig, für meine Person. Meine Kinder empfehle ich denen, die mein Herz kannten, meine Arbeit lohnen, und mein begrabenes Recht für sie noch aufwecken wollen, ehe der Jüngste Tag erscheint. Sie sind nach meinen Grundsätzen erzogen worden, und werden das mir entrissene Recht zu verdienen wissen.

Und was noch gar unmöglich ist:
Kein Richter soll das Recht verkaufen;
Kein Referent soll sich besaufen;
Und jeder griechisch schlaue Christ,
Soll ohne Tück, Betrug noch List,
Frey, edel, groß, auch menschlich handeln;
O weh! denkt Frau Justitia,
Die Möglichkeit ist noch nicht da;
Ein solches rohes Volk, in Menschen zu ver-
    wandeln.
Der Russen Fürst ist Authokrat, *)
Der Poppen Hülfe nöthig hat;
Um seine Eigenmacht zu stützen.
Der Pöbel ehrt noch den Betrug;
Der Adel denkt nicht edel gnug;
Um edle Rechte zu besitzen. = = =
In Rußland ist für mich kein Thron,
Die Majestät beherrscht ihn schon.
Und ich will mich nicht prügeln lassen.
Dort peitscht man Fürsten mit der Knut,
Wer wagts? Wer spricht für den, dem Cä-
    sar Unrecht thut
Noch wirkt hier kein Gesetz, das ächte Tu-
    gend schützet.
Und weil mein Hierseyn niemand nützet,
      So

---

*) Authokrat, oder unumschränkter Gebieter,
 ist der Tittel der russischen Despoten. Katharina hat auch noch kein Parlament errichtet.

So will ich auch noch Wien besehn = , ,
Gedacht, und auch vollbracht; die Reise ist
geschehn.
Sie wohnt inkognito, hier in der Josephstadt.
Doch das, was sie gesehen hat;
Wie sie der Arglist ausgewichen;
Was sie mit Wehmuth hülflos sah;
Und alles, was ihr hier geschah;
Hat die Vernunft hier ausgestrichen , , ,

Was ich noch gerne möcht erzählen,
Wird sicher der Geschichte fehlen.
Kann ich jenseits der Gruft, noch deutsche
Wahrheit schreiben?
Dann werd' ich ihr nichts schuldig bleiben.
Für diese Welt, die mich vielleicht zu spät
beklagt,
Hab ich hier schon zu viel gesagt . . . .

Geschrieben im Schloß Zwerbach,
im Julius 1786.

Glükwunsch

an

Ihro Königliche Hoheit

den

Prinzen von Preußen

den 25 Februar 1762.

Zu dessen erstem Feldzuge.

———————

Dieſer großmüthige Fürſt hatte mir deutliche Merkmale Edler Empfindung für mich entdeckt. Ich ſchrieb dieſes Gedicht für Ihn im Kerker: es fand Beifall... Sein Wunſch ward bald darauf für mich erfüllt. Möchte doch auch bald der Zeitpunkt erſcheinen, wo ich meine Pflichten ächter Dankbarkeit für einen Herrn erfüllen dörfte, welcher dereinſt Preußen beherrſchen wird.

Glückliches Vaterland! Wilhelm ſchützte mit gebundenem Willen ſchon die bedrängte Tugend auch in Kerker. Was hat die Verläumdung und der Hofmann unter einem ſolchen Scepter zu fürchten, wo die Rechtfertigung und Redlichkeit Zutritt findet?

Reif

Reif, edle Frucht gekrönter Ahnen,
Zeuch hin! fleug hin zu Friedrichs Heer;
Ulysses reicht dir sein Gewehr,
Und Pallas führet deine Fahnen.
Wenn Jupiter Dich selber lehrt
Der Brandenburger Blitze führen:
Wenn Wilhelm, Friedrichs Lehren hört:
Wer taugt mehr Länder zu regieren,
Als solch ein Schüler, wie Du bist,
Der seines Meisters würdig ist?

Die Kinderjahre sind verflossen;
Der junge Prinz tritt in die Welt;
Den Schauplatz schmückt ein neuer Held,
Und pfropfet Ruhm in Tugend=Sprossen.
Fort, Herr! vom Magdeburger Wall,
Der dich bisher als Kind beschirmet:
Nun bist du selbst ein General,
Der seines Feindes Schanzen stürmet;
Und diese Stadt, die dich bewacht,
Schützt nun dein Arm durch eigne Macht.

Du darfst nicht in Virgilen lesen,
Was Hector, was Achilles heißt:
Was man an deinen Vätern preißt,
Sind Titus und Trajan gewesen.
Die Muster sind so groß, so schön,
Daß niemand sie kann edler zeigen,

Du

Du wirst auf Ihren Spuren gehn,
Und suchen Ihnen nachzusteigen.
Fürwahr der Ruhm ist niemals klein,
Dem großen Friedrich ähnlich seyn.

Dies hoft der Preuß von deinen Gaben
Und diese Hofnung macht ihn kühn.
Er wird auch einen Antonin,
Nach Cäsars Siegen an Dir haben.
Des starken Atlas schwere Last,
Die Friedrich für dich unternommen,
Wird nun von Dir mit angefaßt,
Um leichter an das Ziel zu kommen.
Lauf hin! Ihm nach, zum Arbeits=Meer,
Und schöpf die Zwietrachts=Pfützen leer.

Nur fort von hier! Bellona winket
Sie hält den Lorbeer=Kranz bereit
Beschäme, stürze, was der Neid
Mit falschen Farben fruchtloß schminket.
Es funkelt schon die Heldenglut
Aus unsers edlen Wilhelms Augen.
Er kommt, Er sieht, Er siegt, Er ruht:
Er wird zum Krieg und Frieden taugen.
In dieses jungen Crösus Schatz
Ist kaum für noch mehr Herzen Platz.

Wer dich nur sieht, wer dich nur kennet,
Sieht Dir mit nassen Augen nach.

Ruft

Ruft herzlich Vivat! heimlich, Ach!
Weil er Dir seine Ruhe gönnet.
Nur Du allein zeuchst freudig aus;
Du träumest schon von nahen Siegen,
Der alte Adler schützt sein Haus:
Der junge soll zur Sonne fliegen.
Fleug hin! vollbring ein Meisterstück,
Und komme bald bepalmt zurük!

Doch Herr! denk im Geräusch der Waffen
An mich bedrängt verlaßnen Mann.
Dein Menschenherz, das fühlen kann,
Wird ja bey meiner Quaal nicht schlafen.
Laß diese Adern=Dinte *) nicht
Die Feßeln und Papier besudeln!
Es will, es kann nach edler Pflicht
Noch für den Ruhm der Klugen sprudeln.
Ich sinke schon.... Herr rette mich!
So lebt, so stirbt der Trenck für Dich.

Neu=

---

*) Weil ich im Kerker alles mit meinem eigenen
Blut schriebe.

Neujahrwunsch
an
die Kaiserl. Obrist-Hofmeisterin
Gräfin von Paar.

Diese würdige Frau lebte zwar bey Hofe, hat aber dennoch die Ehre in das Grab genommen, daß sie wenigstens niemand verfolgt, noch übels gethan; ausser wenn ihr zu gutes Herz, und eingeschränkte Scharfsicht von ihren Lieblingen böser Art hintergangen wurden. Sie ist jezt todt: sie hat mir aus eben diesem Grunde geschadet, wo sie mir nutzen wollte. Ihr bester Wille verdient aber, daß ich dieses Gedicht zu ihrer Ehre bekannt mache, und der großen Theresia eine solche Favoritin in dieser Ehrenstelle wünsche, die der Gräfin Paar in natürlicher Güte, und Tugend gleicht, und sie nur im Verstand, und kluger Wahl ihrer Freunde übertrift.

Neu = Jahrs = Wünsche schön zu wählen,
Fällt auch großen Dichtern hart.
Soll das Herz den Wunsch erzählen,
Das sind Wünsche ächter Art.
Schreibt der Schmeichler wie ein Held;
Lust, Vergnügen, langes Leben
Was du wünscht, soll Gott dir geben!
Wünscht er nach dem Brauch der Welt
Eigennutz, Lust zu gefallen
Macht aus Eulen, Nachtigalen.

Hierzu taugt kein edler Geist
Der die Welt entlarvt betrachtet:
Der kein Fürstlich Laster preißt,
Und erschlichne Gunst verachtet:
Meine Feder regt kein Gold
Wo man Schmeichler Weise nennet:
Und der Tugend Werth miskennet:
Wo Vernunft der Thorheit zollt:
Wo die Dichter Narren preisen,
Bleib ich in der Gruft der Weisen.

Hier=

Hier, wo ich so lange schwieg,
Und bey Bürden von Processen,
Die der Theuus meinen Sieg,
Wie der Wolf ein Lamm gefressen;
Hier liegt meine Feder todt.
Jezt erwacht sie aus dem Grabe;
Weil ich Stof zu schreiben habe,
Was dem Neide Peitschen droht.
Wer der Paarin Opfer bringet,
Schreib, was Mensch und Engel singet;

Bellt ihr Hunde! Neider wütet!
Ihr hemmet nie des Mondes Lauf:
Er geht durch sich selbst behütet
Stets mit gleichen Stralen auf,
Gott schuf unsre Gräfin Paar
Werth, Theresen werth, zu dienen;
Für Sie, in der Welt zu grünen;
Schüzt er Tugend vor Gefahr;
Wer ihr sklavisch lebt und dienet,
Stirbt reif, und hat schön gegrünet;

So geneuß troz allen Stürmen
Deines Hafens edle Frucht.
Lust muß sich auf Luste thürmen,
Wo die Tugend Wohnplatz sucht.
Dies sey meiner Wünsche Ziel:
Wenn Gott ächte Christen schützen,
Wenn er die Bedrängte stützen,
Und Verdienst hier lohnen will;
O so geb er deinem Willen
Nur mehr Kraft ihn zu erfüllen.

Glük=

Glükwunsch
zum neuen Jahre 1762
an
Ihro Königl. Hoheit
Den Durchlauchtigsten
Markgrafen Heinrich
Thum=Probst zu Halberstadt. r. p.

Dieser Herr würdigte mich auch im Unglük seiner Huld, und ich schrieb ihm mit Erlaubniß des Commandanten diesen Neujahrswunsch, wie gewöhnlich, mit meinem Blute. Man benachrichtigte mich, Er liebe Scherz-Gedichte, deshalb ist das Ende dieses Briefs so beschaffen, als ich damals belehrt war. Genug, Er ist ein ächter Menschenfreund, und hat groß von mir gedacht, auch groß und edel an mir gehandelt. Möchte ich nur den Zeitpunkt erleben, wo eine dankbare Seele thätig wirken kann.

Großer Markgraf! Herr und Fürst! ließ bey
  grossem Wort-Gezische

            Auch

Auch ein Blatt mit Blut gefärbt, das ich unter Wünsche mische,
Die Dir heute manche Feder, mancher Mund so künstlich mahlt,
Aber sicher keine Opfer aus gerührtern Herzen zahlt,
Als der Trenck in seiner Gruft, der mit Adernbinte schreibet,
Und in stummen Seufzern zollt, was der Kiel hier schuldig bleibet.
Herr! der Beyfall großer Seelen macht mich auch im Kerker kühn,
Wo ich nur verhöhnt vom Pöbel, und bey Klugen glücklich bin.
Du hälst mich noch Gnadenwerth: O wie kämpft in meinem Herzen
Freude, Ehrfurcht, Dankbarkeit gegen Schwermuth, Sehnsucht, Schmerzen!
Kaum empfind ich meine Feßeln, wenn die Seele denkend spielt,
Die sich deines Mitleids schmäuchelt, und noch Beistands würdig fühlt.
Fahre fort, gerechter Fürst! deinem Knechte Huld zu gönnen;
Ewig soll der Pflichten Glut auf dem Dank= Altare brennen.
Wäre dir, wie meinem Schöpfer, dieses reine Herz bekannt,

Herr!

Herr! du würdest noch mehr fühlen, und mit
    Eifer deine Hand
Zu des Daniels Löwengruft, um ihn zu be=
    schirmen, streken,
Und ihn, und sein Recht zugleich, um für dich
    zu leben, weken.
Weck mich Herr! um dir zu zeigen, daß ein un=
    terdrückter Mann
Just so groß in Freyheit handeln, als im Ker=
    ker denken kann.
Die Verläumdung hat schon oft manchen Redli=
    chen gestürzet,
Aber Fürsten deiner Art ist der Arm noch nicht
    verkürzet,
Die Beträngte loszureissen: Großmuth, die im
    Heinrich wacht,
Fühlet Schmerz bey fremdem Schmerz, und
    Lust, wo sie Vergnügen macht.
Herr auf diese stüzt dein Knecht: Todesfurcht
    macht mich nie zittern;
Nur die Schmach der Todesart heisset mich nach
    Rettung wittern.
Hätt' ich wie ein Ubelthäter diese Folterbank
    verdient,
O ich hätte Schutz zu suchen nie bey edler Welt
    erkühnt.
Mit den Fesseln wäre längst meine Gurgel zu=
    geschnüret,

Denn

Denn ich weiß, was einem Schelm, der nach
Gnade ringt, gebühret.
Aber Fürst! mein Herzens Richter spricht mich
ganz von Vorwurf frey:
Mein Gewissen sagt der Seelen, daß für mich
noch Hofnung sey.
Ist gleich meine Riesenkraft schon vom Leiden
ausgezehret,
Und der Jahre Frucht verwelkt, weil die Qual
zu lange währet,
Sind schon die entnervten Glieder schwächer,
als der starke Geist,
O wer weiß, wer Preußens Friedrich morgen
anders denken heißt?
Schnell und rühmlich würden mir diese Banden
losgerissen,
Möchte der gerechte Herr nur, was sie verur-
sacht, wissen.
Straft man das als ein Verbrechen, wenn ein
Sklav die Ketten bricht,
Dann bin ich der größte Sünder, und der ärg-
ste Bösewicht.
Sonst bin ich von Vorwurf frey.... Aber was
hilft ächzen, flehen?
Man hat mich noch nie gehört, und mein Recht
will niemand sehen.
Doch wohin verwegne Feder? Wohin ströhmt
die Fantasey?

Du

Du sollst Neujahrwünsche dichten, und machst
    hier ein Klaggeschrey.
Großer Markgraf zürne nicht! es ist ohne mich
    geschehen:
Wohin sich die Fühlung lenkt, muß sich auch
    die Feder drehen.
Ließ' ich ihr den freyen Willen, wären Wörter
    viel zu klein:
Und zu viel, zu weichlich klagen, kann die gar
    verdrüßlich seyn?
Herr! ich schweige, was mich drückt.... Den=
    ke was ich sagen wollte!
Ich will wünschen, aber wie? Nicht so wie ich
    wünschen sollte.
Lebe, Edler Heinrich! lebe für dich und die
    kluge Welt!
Lebst du Herr! so thut der Himmel, was dem
    Neide nicht gefällt.
Du bist Held von solcher Art, die bedrängte
    Menschen schützen:
Kein Tyrann, der für den Ruhm fremdes Blut
    mit Lust sieht spritzen.
Eines Menschen Recht beschirmen ist ja eine
    größre That,
Als wenn man wie Alexander tausend Unter=
    drücker hat.
Herr! dich zieret Titus Geist, eifre nicht mit
    Ammons Sohne!
                               Bleib

Bleib der Preußen Antonin, trägst du gleich
nicht ihre Krone,
So hast du sie doch verdient... Und vielleicht...
doch stille Dichter!
Bleibe bey dem Neujahrwunsch! Heinrich sieht
doch ohne Lichter
Durch der Vorurtheile Nebel. Wünschen soll
ich... Was, und wie?
Was der blöde Türk dir wünschet, gönnt der
Philosoph dir nie.
Du hast selbst ein weisses Pferd, weisse Kleider,
grüne Palmen,
Setz dir eine Krone auf, und dann singe Omars
Psalmen. *)

Wahrlich

---

*) Diese Zeilen beziehen sich scherzhaft auf die Beschreibung des Alcorans der von dem Muselmann zu hoffenden himmlischen Glükseligkeit. Es heißt, die frommen Türken reiten auf weissen Pferden, in weissen Kleidern, mit Centnerschweren goldnen Kronen auf dem Kopfe, grünen Palmen in einer Hand, und in der andern eine grosse eiserne Peitsche, womit sie die Lust haben, in alle Ewigkeit ihre Feinde zu karbatschen. Nach dieser Lehre soll also die himmlische Freude in Stolz, Wollust, Ehrgeiz und im Richteramte bestehen. Vortrefliche Glükseligkeit! aber nur für die Scharfsicht eines jüdisch denkenden Türken: dessen Temperament ihm glauben macht, die ewige Glükseligkeit bestehe in freyer Ausübung der größten Laster, und menschlichen Schwäche.

Wahrlich solche Türken Freude wäre für dich
eine Qual:

Reite bey uns weisse Stutten im geglaubten
Jammerthal.

Bleibe hier! mit Türken Stolz auf dem Richter=
stuhl zu sitzen,

Das ein Ali herrlich glaubt, macht dich sicher
ängstlich schwitzen.

Weil du groß auf Erden denkest, rührt dich der
Verdammten Pein;

Wenn du dort sollst Urtheil sprechen, wird die
Höll' erträglich seyn.

Alle Teufel Bataillons würden sicher rebuciret,

Und des Mahomets Entwurf für den Himmel
ausgeführet:

Diesen wünsch ich dir im Grabe; und bis dich
der Tod erhascht,

Einen Stachel wie die Hummeln, der von frem=
dem Honig nascht.

Neue Jugend, neue Kraft, neue Ursach Lust
zu fühlen:

Und bey Nestors grauem Haar, eine Abisag zum
Spielen,

Mir wünsch ich im neuen Jahre, was mein Ei=
gennutz begehrt:

Die Gelegenheit zu zeigen, wie mein Herz Dich
ächt verehrt.

Dann sollst du nicht auf Papier, nein, in mei=
nen Werken, lesen
Daß der Trenck stets deiner Huld und noch Mit=
leids werth gewesen.

Glük

*) Wem übrigens das Ende dieses Gedichtes an=
stößig scheint, der betrachte den Zustand, in dem
ich schrieb, wo der Bedrängte, um zu gefallen,
und Schutz zu erweken, sich in die Lage der Um=
stände schicken, und im Geschmak dessen dichten
muß, der ihm zu schreiben erlaubt.

Glükwunsch
an den
Durchlauchtigsten
Herzog Ferdinand
von Braunschweig,

commandirenden Feldmarschall der alliirten Armeen.

Da derselbe nach geschlossenem Frieden Anno 1763, in sein Gouvernement zu Magdeburg ankam.

Vorbericht.

Dieser weltberühmte Herr war Gouverneur in Magdeburg; Er hatte mir anfänglich gleichfalls sehr hart begegnet, weil er mich nach dem allgemeinen Haufen der Unglüklichen maß, und der Verläumdung des niederträchtigen Menschenfeindes des ehemaligen Commendanten und Tyrannen dieser Stadt zu viel Gehör gab. Er hatte sich nach diesem einige Jahre lang mit denen Franzosen herumgeschlagen, und selber siegen, auch die Helden im Unglük besser kennen und beurtheilen gelernet. Deßhalb begegnete Er mir in der Folge großmüthig, und mit der Achtung, die bedrängte Tugend verdient. Er wurde wirklich mein Beschützer und Fürsprecher, wozu ihn vielleicht mehr mein männlicher Troz in größen Gefahren, als menschliches Mitleiden bewog. Ich schrieb Ihm dieses Gedicht mit

mit seiner Erlaubniß, es fand Beyfall, und ich erhielt bald darauf meine Freyheit, woran Er Fürstlichen Antheil nahm. Kann ich bey inniger Fühlung ächter Dankbarkeit weniger thun, als wenn ich durch öffentliche Bekanntmachung dieses Gedichts, auch öffentlich bekenne, daß ich begierig wünsche, seine Gnade und Beyfall auch in Freyheit und in meiner gegenwärtigen Unabhängigkeit zu verdienen? ich war sein Sklav in wirklichen Fesseln ohne mich vor seiner Größe klavisch zu bücken; und bin itzt in Freyheit ein demüthiger Verehrer seiner erhabenen Seele.

Willkommen Schrecken der Franzosen!
Willkommen Held in dieser Stadt.
Wo der Musen Hand die Rosen
Nur für dich gepflanzet hat.
Willkommen großer Ferdinand!
Willkommen Schutzgott ächter Deutschen,
Der für Ludwigs Knechte Peitschen,
Und für Friedrich Lorbern fand.
Willkommen Fürst in Edens Garten,
Wo nur Freuden auf dich warten.

Mag-

Magdeburger seyd vergnügt!
Bork starb mit Tyrannen Schand *)
Und wo Recht und Tugend siegt,
Dankt es eurem Ferdinand.
Er zog aus: für wen? für euch;
Draussen war er Eure Stütze,
Und vertroknet Eris Teich.
Da speit Braunschweigs Zevs die Blitze,
Da treibt Herrmann aus den Feldern
Varus Sklaven nach den Wäldern.

Friedrichs Wahl ist hoch zu preisen,
Die der Feinde Zweck zerstöhrt,
Und durch Ferdinand den Weisen
Auch den Britten Siegen lehrt.
Dieser Schüler hat vollbracht,
Was ein Fürst der großen Geister
Friedrich aller Helden Meister,
Nur aus großen Geistern macht.
Die der Welt durch ihn zu nützen,
Seine Rechte muthig schützen.

*) Dieser böse Mann war Commendant, wurde aber kaffirt, und starb im Gehirn verrükt als ein Tyrann mit Schmach und Verachtung.

Vater aller Tugend Knechte!
Fürst! der seinen Stammbaum ziert!
Held, der auch im Mord=Gefechte,
Themis Schwerdt und Wage führt!
Großer Herzog! großer Mann!
Der zum ächten Ruhm zu dringen,
Pallas Gegner zu bezwingen,
Cäsars Kunst begeistern kann.
Vater! höre Kinder singen,
Die dir treue Opfer bringen!

Kinder, die mit Männerherzen
Für dein Wohl Gott kindlich fleh'n
Kinder, die wie Männer scherzen,
Wenn sie zu dem Sturme gehn.
Männer, die man niemals sah'
Für sich selbst in Schlachten beten,
Rufen jezt mit Herz=Trompeten:
Schöpfer! großer Welt=Papa!
Schütze mit der Vaterhand
Unsern Vater Ferdinand!

Herr!

Herr! Laß dir ein Lied gefallen,
Das die kluge Welt dir fingt;
Pfeif ich nicht wie Nachtigallen
Deren Lied im Käfig klingt:
Herr! so trillert Trenck doch mit.
Und ein Lied in solchen Tönen,
Das Apoll von ächten Söhnen
Nur in seinem Tempel sieht.
Wo mich, willst du mich nur hören,
Glück, auch Pluto nie soll stören.

Herr! wer lebt auf deutscher Erden
Der dich kennt, und nicht verehrt?
Da der Feind besiegt zu werden,
Sieger deiner Art begehrt.
Der Soldat streicht seinen Bart,
Wo er dich als Führer siehet,
Wo noch Blut von Brennen Art
In benarbten Leibern glühet:
Gar wo Furienwuth anfächeln,
Hört man für dich Lieder röcheln.

So geneuß nach sauerm Schweiße
Herr! auch was der Weise sucht,
Wenn ter Barden Sohn der Preuße
Was die Tugend kränkt, verflucht,
Lebe hier wie Diogen!
Magdeburg sey deine Tonne,
Wo Apollens Freuden=Sonne
Für dich am Olimp wird stehn.
Und des Wohlthuns edler Willen
Auch mein Wünschen wird erfüllen.

Lachet Bürger! Jauchzt Soldaten
Ferdinand zeucht bey uns ein.
Er will hier voll edler Thaten
Auch ein Held im Frieden seyn.
Herr! auch der Bedrängte lacht.
Denn du grosser Schicksals=Kenner
Weißt, daß manche große Männer
Just ihr Unglück groß gemacht.
Ferdinand wird für uns sprechen
Sklaven jauchzt! die Fesseln brechen.

Danksagung

an eine

Dame,

am Neujahr,

welche mir heimlich eine geräucherte Wurst für
meinen hungrigen Magen zustecken ließ.

Freundin! darf ich dich so nennen?
Willst du mir bedrängten Mann
Den kein Mitleid trösten kann
Diese Lust, und Ehre gönnen?
O so dankt dir dieses Blatt,
Wo ich Blut für dich vergossen,*)
Weil es aus der Brust geflossen,
Die für Freunde Ehrfurcht hat.

Klagst

---

*) Es ist bekannt, daß ich alles ohne Dinte mit meinem Blute aus zerritzten Fingern schreiben mußte.

Klagst du mich, so will ich lachen;
Denn wer groß und edel denkt,
Kann, ob ihn die Welt gleich kränkt,
Aus Verlust noch Vortheil machen.
Wer wie ich die Schönen ehrt,
Der glaubt schon er hat gesieget,
Ob er gleich in Fesseln lieget,
Wenn er sich bedauern hört.

O! wie wird es mich entzücken!
Wenn mein Mund die Hand einst küßt,
Die mir jezt schon günstig ist,
Und mit Troste will erquicken!
Flößt der Trenck dir Freundschaft ein,
Da ihn alle Menschen schinden,
O! wird sich mein Schiksal wenden
Wie will ich dir dankbar seyn!

Deine

Deine Wohlthat macht mich weinen:
Denn wer arm bey Reichthum ist,
Trauer=Brod im Kerker frißt,
Kann leicht niederträchtig scheinen.
Doch, dies glaubt man nicht von mir;
Denn mir wird mein Gut verwehret;
Und weil mich Gewalt beschweret,
Gleich ich nur dem Bettler hier.

Ach! ich möchte lieber schenken!
Als daß man mir etwas giebt!
Denn es macht mich nur betrübt
Und mein Elend neu Bedenken.
Geben war ja stets mein Brauch:
Folglich darf ich mich nicht schämen,
Jezt auch Gaben anzunehmen,
Denn ich gab Bedrängten auch.

Gottes Hand hat mich geschlagen,
Und ich bin der Menschen Spott:
Aber auch derselbe Gott
Giebt mir Kraft mein Kreuz zu tragen;
Er erwekt mir auch dein Herz
Daß du Mitleid mit mir trägest,
Menschenliebe für mich hegest
Und ich danke dir mit Schmerz.

Schmerzhaft, weil ich nicht kann zeigen
Was in meinem Herzen stekt.
Wenn es dir dies Blatt entdeckt,
Denn will ich mit Freude schweigen.
Gnug: es sagt dir hier mein Blut,
Dein Geschenk hat mich erquiket
Weil es eine Hand mir schiket
Die aus Großmuth Gutes thut.

Was kann ich izt wiedergeben?
Gutes wünschen darf ich doch,
Und mein redlich Herz will noch
Hiedurch seine Pflicht bestreben.
Nimm sie an: sie sind ja treu
Wohlgemeint und ohne Heucheln:
Denn ich kann auch hier nicht schmeicheln,
Und denk auch in Fesseln frey.

Da nunmehr das Jahr verstrichen
Und die neue Stunde schlägt,
Wo man Glük zu wünschen pflegt,
Komm ich auch heran geschlichen
Aus der Grube, die mich deckt,
Und ich armer Daniel schreibe,
Wünsche, die ich schuldig bleibe,
Bis mich Gott zur Freiheit weckt.

Leb und lieb im neuen Jahre
So, daß dich kein Tag gereut:
Und des Ehstands Zärtlichkeit
Fühle noch im grauen Haare.
Laß die Zeit vergnügt verfliessen
Meide aller Sorgen Last!
Und vergieß nie was du hast,
Auch für dich recht zu geniessen;
In der Welt ist keine Pein
Gott hat sie zur Lust geschaffen,
Wenn wir nicht durch eigne Waffen
Unsrer Freuden Büttel seyn.

Und so lebe, und empfinde
Was die Tugend dir erlaubt.
Wer sich ein Vergnügen raubt
Thut die allergrößte Sünde.
Lebe stets in Gottes Huld,
Auch gesund bey guten Tagen
Und mit einem Wort zu sagen
Gott behüt dich vor Geduld!

Scherz

Scherz=Gedicht
an eben dieselbe Freundin,

da mir der großmüthige, jetzt regierende Landgraf von Hessen=Cassel, damaliger Gouverneur in Magdeburg, mein schweres Eisen vom Halse und etliche meiner Ketten abnehmen ließ.

Schöne Frau! Dir muß ich klagen!
Gestern rieß des Schloſſers Hand
Meine Pracht, mein Ordensband,
Mit gewaltsam von dem Kragen!
Ach! der Anblik fällt mir schwer!
Ach! mein Halsband! wer kanns hindern?
Willst du meine Schmerzen lindern?
Schike mir ein anders her!

Ja, der edle Sklaven Orden
Womit Bork mich ausgeschmükt *)
Der mich, ihm zum Ruhm gedrükt,
Der ist mir entriſſen worden.
Ach wer hört mein Seufzen an!
Nur meines Ordens Meister trauert,
Der sonst nichts als dies bedauert,
Daß ers nicht verhindern kann.

*) Der Tyrann, General Bork, hatte mich in so grausamme Feſſeln geschmiedet, war aber, da ich dieses schrieb, schon kaſſirt, und im Gehirn verrükt.

Wenn man uns zu Ritter schläget,
Sind wir ja von Freude blind;
Daß wir hochgeehret sind.
Klagt der Hirsch, der Hörner träget?
Was man gerne trägt, ist leicht.
Muß ich Sklaven Fesseln tragen,
So wird doch der Kluge sagen
Daß Trenck keinem Schiksal weicht.

Nimt man mir die Ehrenzeichen;
So zeigt sich ja offenbar.
Daß ich niemals würdig war
Unter solcher Last zu käuchen.
Raubt man der Verdienste Werth,
So ist Bork ein Narr zu nennen.
Denn er macht der Welt erkennen,
Daß er mich zu hoch geehrt.

Leider ach! es ist geschehen!
Doch ein Kluger kann die Pracht,
Die der Ehrsucht Dunst uns macht,
Ohne Schmerz zernichten sehen.
Gnug ich kenne meine Pflicht:
Und weil ich auch da nur lachte,
Da man mir den Orden brachte,
Wein ich im Verlust auch nicht.

Nur mein Hals will etwas fühlen
Weil ihn gar kein Bändchen ziert:
Gieb für das, was er verliert
Mir ein andres nur zum spielen!
Wenn ich zu verwägen bin:
Freundin dich darum zu bitten,
Denke Trenck hat gnug gelitten,
Wirf ihm einen Strumpfband hin!

Ist mein Glück nicht zu beneiden,
Schöne Frau! ich bitte dich,
Mach mich stolz, und schmüke mich,
So versüßest du mein Leiden.
Sprich zu meinem Wunsch nicht nein!
Borkens Orden zu verlieren,
Und mit Deinem mich zu zieren,
Welcher Tausch kann edler seyn?

Welche Lust für mich auf Erden!
Wenn ich, dein bedrängter Knecht,
Mit der Kettenhunde Recht
Kann dein treues Möpschen weiden!
Welche Freude! Gönn mirs doch!
Laß die süße Last mich drücken!
Denn für dich den Hals zu büken
Trüg ich gern ein Ochsen Joch.

Gönne mir doch diese Freude!
Sie ist nur ein Schattenspiel:
Doch für meinen Wunsch sehr viel,
Wenn ich Sehnsuchts Foltern leide.
Wer nicht wirklich froh kann seyn,
Der kann traumend sich vergnügen,
Träumend dir zu Füßen liegen:
Denkend dir auch Opfer weihn.

Schönheit! die mich gar nicht kennet
Und aus Mitleid nur beklagt:
Fühle was mein Herz dir sagt,
Das für Dank und Ehrfurcht brennet:
Edle Freundin! zürne nicht!
Wenn ich gar zu viel begehre!
Denn erhalt ich Möpschens Ehre,
So erfüll ich Möpschens Pflicht.

Das Schikfal
des Canarivogels,

eine für die Moral eingekleidete Erzehlung, mit neuen prosaischen Anmerkungen vermehrt und verbeßert.

Superando omnis fortuna ferenda est.
Virgil. Aeneid.

Dieses Stück überschreitet die Gränzen einer Fabel oder Erzehlung. Es hat aber einen besondern Gegenstand, und ist folglich in seiner Art neu. Nur denen, die Canarivögel kennen, wird es gefallen. Ich finde die Sprache natürlich; und gnug, diese Arbeit gefällt mir, weil sie eine meiner schwersten Geburten ist.

Es ist schon zum Theil in meinen öffentlichen Blättern bekannt; hier erscheint es aber auf Begehren einiger Freunde, und Liebhaber der Moral mit vielen und weitläufigen Noten begleitet, folglich in ganz neuer und vielleicht angenehmerer Gestalt.

Sæpe majori Fortunæ locum fecit injuria.

Ein Vogel von Canari Art
Der jung, auch alt im Käfig ward:
Der nicht nach edler Freyheit strebte,
Weil er mit sich zufrieden lebte;

Und

Und das, was Vögel glücklich macht,
Noch nie geschehn, auch nie gedacht,
Sah Vögel scherzen auf dem Dache.
O denkt er, welche schöne Sache
Muß euer Glück der Freyheit seyn!
Gleich fühlt er nie gekannte Pein: 1)

Die

1) Wer nichts wünschet, der hat alles, wer aber etwas begehrt, der ist nicht glücklich. Oft wäre es weit besser für unsere Zufriedenheit, wenn wir sichere Dinge gar nicht kennen, und in Unschuld leben möchten. Ruhm und Habsucht, die eigentlichen Büttel unserer Ruhe bleiben weit von uns entfernt, wenn sie nicht von Vorbildern angefächelt würden, die Vorurtheile, oder Erziehungs-Grundsätze, oder wohl gar der Keim angeborner Laster gebähren. Einen zu rauher Lebensart gewöhnten Läppländer naget die Sehnsucht zum Vaterlande im wollüstigen Paris; und der russische Bauer würde in der freien Schweitz sicher eben so wenig Glück finden, als die Pariser Schönheiten im Serail des Sultans, die kein besser Glück als ihre goldene Fessel kennen.

Die Sehnsucht sich befreit zu wissen
Hat ihn der Ruhe Schoos entrissen,
Noch eh' er andre Vögel sah,

Em=

Wer also wie der Canarivogel im Käfig gebohren, auch erzogen wird, lebt, grau wird, und stirbt, der wird die Leidenschaften, welche uns im grossen Weltgetümmel beschäftigen und beunruhigen, gar nicht kennen, hingegen aber auch nirgends als in seinen Käfig taugen, wo er keine andre Lieder pfeifen lernt, als die ihm die Natur, oder sein Meister lehren will. Ein solcher Vogel kann aber niemals sterben, weil er nie gelebt hatte, auch kaum wußte, daß er war, und ein Mensch, welcher wie der Canarivogel erzogen wird, wird auch nur in der Staats=Maschine ein materielles Werkzeug bleiben, ohne sich mit Forschen, und Denken zu beschäftigen; folglich auch nur ein Junker auf seinem Dorfe, oder ein seufzender Bauer bey dem Ochsenjoche bleiben.

Die Erziehungsart kann nun zwar alle ungekannte Leidenschaften unterdrücken, auch wohl gar ausrotten; wo aber die Natur spricht, da ist die Unruhe ungekannt

Empfand er täglich gleiche Freuden,
Nun lernt er fremdes Glück beneiden;
Nun wünscht er, wäre ich nur da!
O könnt ich nur mit frohem Herzen
In Freyheit, was noch nie geschah.
Mit euch, ihr Brüderchen, auf diesem Dache scher-
zen!

Ist

kannt und desto wirksamer auf ein Herz, das dieser Empfindung, oder wohl gar diesem Gebothe keine Waffen entgegen zu setzen weiß. Ein Sklav bricht die Fessel, wenn er kann, der Vogel sucht die Freyheit, und der frömmste Mönch wird sein Keuschheits-Gelübte brechen, wenn er uneingeschränkter Aufseher hundert zu bewachender schönen Weiber wäre. Man arbeite also wider die Natur, wie man will: sie selbst sucht Gelegenheit, und sie weiß sie auch zu finden. Aus der gar zu strengen Einschränkung der Jugend allein entspringt das Unglück so vieler Menschen, und würden vernünftige Mütter ihren Töchtern die Gefahr der wirkenden Natur in ihrer wahren Quelle, noch im Jugend-Catechismus kennen lehren, so möchte es dem wollüstigen Betrüger weit schwerer fallen, die Unschuld zu berücken, und wir hätten vorsichtigere Mädchens, auch tugendhaftere Weiber.

Izt seh ich, daß mir alles fehlt,
Weil mich der Trieb nach Freyheit quält...

Das,

Eben das sollte die strenge Geistlichkeit, auch unsre Schul-Pedanten reitzen, denen Wirkuugen der Natur beßer nachzuspähen, denn ich sage zum Beweise:

Läßt man nicht Luft dem jungen Wein,
So wird das Faß gewis zerspringen;
Und will der Lehrer grausam seyn,
Und was nicht möglich ist, erzwingen,
Denn wird sehr leicht der beste Christ
Ein zügelloser Atheist.
Gesätze, Glaube, Politzey,
Muß wieder die Natur nicht kämpfen:
Läßt man dem Menschen gar nichts frey,
So wird Zwang nie den Willen dämpfen,
Vielmehr verdoppelt er die Kraft.
Ihr Pächter von der Tugend Straße
Laßt Luft dem jungen Treuben-Saft,
Denn wird er alt, auch gut im Faße.
Ihr Fürsten! macht es eben so,
Denn lebt der Sklav in Fesseln froh.

Das, was wir wünschen, zu volbringen, 2)
Soll gleich geschehn, auch gleich gelingen.

Die

2) Sobald wir etwas wünschen, ist unser gegenwärtiges Glück für uns nur eine Bürde, und die Aussicht in das Künftige nur allein schmeichelhaft. Der Zweck mag zielen, wohin er auch will; leichtsinnige flüchtige Geister betrachten ihn nur allezeit von einer Seite: und wenn sie im erlangten Besitze die andre von ohngefähr beobachten, so ist ein ohnheilbarer Ekel die Folge des unüberlegten Wunsches. Eine furchtsame, eine seichte Seele hingegen findet alles unübersteiglich, begehrt, und kann nicht wählen, noch weniger entschliessen, folglich ist der Mensch ein ewig klagender Canarivogel, der nach Freyheit seufzt, und wenn der Käfig wirklich offen stehet, nicht wagen darf, hinaus zu fliegen. Aus dem Wunsche entsteht Begierde, aus dieser Sehnsucht, dann Gewohnheit zu seufzen, endlich Schwermuth, und dann Eigensinn. Dieser umwelket sodann die Begriffe dergestalt, daß unser Auge nur in das Entfernte sieht, und endlich das, was in der Nähe, was um, was in uns selbst ist, nicht mehr zu sehen vermag. Man schätzt ein fremdes Glück allzeit besser, als das, was man wirklich besitzt, und just hieraus erwächst die Unzufriedenheit.

Die Schwermuth schwächt der Sinnen Kraft,
Und Wunsch wird endlich Leidenschaft;
Woraus ein Mißvergnügen quillet,
Das man erst im Genusse stillet.
Er sieht betrübt den Himmel an:
Ihm will er seinen Nothstand klagen.
Wenn man sich selbst nicht rathen kann, 3)

Wenn

Optat Ephippia bos piger, optat arare caballus
Cui placet alterius, Sua nimirum est odio sors.
Horat.

Ein Hecht, der sich gefangen siehet,
Seufzt: ach! warum bin ich kein Specht?
Ein Specht, der vor den Falken fliehet,
Seufzt: ach! warum bin ich kein Hecht?
Wer ist mit seinem Glück vergnügt?
Mensch! wage nie für dich zu wählen!
Man schwimmt, man fliegt,
Läuft oder kriecht,
Die Ruhe wird uns ewig fehlen;
Wenn man sich nicht in das, was Gott be-
stimmte, fügt.

3) Der Mensch denkt, sieht oder forscht, so weit als er kann. Da, wo dem Auge des Verstandes der

Gesichts-

Wenn Witz und Freund aus Trost versagen,
Dann ist die Gottheit Schuld daran.

Das Gesichtskreiß gränzet, ist alles dunkel, alles übernatürlich für ihn; hier erstaunt er, und hebt an, an Gott zu denken. Nach Beschaffenheit dieser denkenden Fähigkeit, oder des Temperamentes sind nun diese Original-Begriffe unterschieden, und entstehen auch die sich einander widersprechenden Glaubenslehren. Die Eigenliebe erlaubet selten, daß wir die Ursache unsres widrigen Schiksaals in uns selbst, in unsrem eignen Betragen finden können. Wir kennen zugleich selten die weisen Absichten des Schöpfers in unsrem Wechsel des Schiksals; und just deshalb murren wir über alle uns unangenehme Vorfälle, die doch in der Verbindung unser wahres Wohl befördern. Der Unglükliche sieht am ersten den Himmel an, und der Lasterhafte thut nicht weniger, wenn er sich der verdienten Strafe nähert. Dann heißts entweder der Teufel hat mich verführt, oder Gott hat mich verlassen. Im Leiden murren ist eine träge Widerspenstigkeit: verzagen ist Niederträchtigkeit oder Dummheit: Gottes Führung tadeln, ist Verwegenheit, dem Schiksal trozen, ist Großmuth: ihm gelassen entgegen sehen, Weisheit, und alles geduldig tragen, christliche Pflicht.

Und muß der Ungedulb Flüche tragen,
Für Wünsche, die wir selbst gebähren,
Auch selbst in Sehnsuchts Foltern nähren:
Für Wünsche, die der Willen mahlt,
Und mit des Urbilds Schatten prahlt,
Das den Besitzer kann beschweren.
Der arme Vogel seufzt und klagt:
Und wäre nicht sein Wunsch erfüllet,
Ein Wunsch, den keine Hofnung stillet,
Der Kummer hätt' ihn todt genagt.
Doch Glük! der heisse Zwek gelinget:
Das Schiksal steht ihm wirklich bey:
Sein Herr, der ihm das Futter bringet,
Läßt ihn aus seinem Käfig frey,
Das Fenster stand zum Vortheil offen:
Was kann der Vogel besser hoffen?
Er fleugt von Lust entzükt hinaus,
Und sezt sich auf das nächste Haus.
Ein Sperling war sein erster Freund,
Den er als Bruder wollte küssen:
Doch ach! er ward von ihm gebissen.
Er denkt... wer hätte das gemeint,

Warum

Warum jagt mich mein Bruder fort,
Und wählt sich einen andern Ort? —
Hier hebt er an zu pfeiffen,
Ein Danklied, wo die Seele spricht:
Kaum kann er selbst sein Glük begreiffen..

 Wer dankt für solche Wohlthat nicht?
Was er nur sieht, wekt schon Vergnügen,
Er sieht die schnelle Schwalbe fliegen,
Ihr Flügelspiel gefällt ihm wohl;
Doch da er mit ihr flügen soll,
Ist ihm die Schwalbe zu geschwinde,
Es geht ihm just wie einem Kinde,
Das laufen will, eh' es kann stehn.
Er denkt... es wird schon besser gehn,
Die Uebung fehlt: bald werd ich lernen
So schnell wie sie, mich zu entfernen.
So denkt auch mancher junge Narr, 4)
Der

4) Dies ist eine Tugend aber auch ein Hauptfehler junger Leute. Eine Tugend für den großen Geist, wenn er sich grosse Muster wählt, und sich nie mit dem Mittelmäßigen begnügt. Eine Thorheit hingegen für den Schwachen, der Dinge unternimmt, die er nie zu erreichen vermag.

Der große Muster wenig achtet:
Der, weil er sich mit Stolz betrachtet,
In allem was er wählt, doch nur ein Stümper
war,

Und

Die größte Kunst ist die Art seine Beschäftigung klug zu wählen, oder den rechten Weg zu finden, auf welchem ein jeder für sich glücklich, auch der Welt nützlich werden kann.

Wer Dinge unternimmt, nur weil sie ihm gefallen,
Der wird wie Phaeton bey später Reue fallen.
Mensch! überleg erst recht ob dein Zweck möglich sey.
Dann führ ihn herzhaft aus! Sey vor Gefahr
nicht scheu!
Denn wer verwegen scheint, und doch vernünftig denkt,
Der weiß schon, wenn er fährt, wie er die Pferde lenkt.

Diese Pferde sind unsre Leidenschaften: dreimal glücklich! wer sie zu leiten gelernt hat; und dann erst auf die grosse Weltbühne tritt.

Und wagt er gleich ein Meisterstük,
Wo bleibt der Schüler? — weit zurük.

Ein

Die unangemessene Wahl unsres Standes ist meistens die Quelle aller Unzufriedenheit. Mancher Soldat wäre ein guter Mönch, und mancher traurige Mönch ein fröhlicher Soldat. Mancher müssige Künstler ein arbeitsamer Staatsmann, und mancher Minister ein vortreflicher Bildhauer, oder Künstler... Hat man auch das Glük die Bahn zu wählen, in die man eigentlich seiner natürlichen oder erarbeiteten Fähigkeit gemäß gehöret, so sind doch nur wenige geartet, um grosse Muster zu werden. Die Natur und Umstände bringen nur selten Meisterstücke hervor. Unter tausend Ministern ist nur ein Richelieu. Unter tausend Malern nur ein Apelles. Unter noch mehr Officiers nur ein Louden, oder Marcell. Unter Millionen Gelehrten nur ein Leibniz, und nur ein Voltaire. Die Jugend von Eigenliebe berauscht, und ohne Erfahrung begeistert, glaubt sich allzeit stärker und fähiger, als sie wirklich ist. Und hätte mancher die Mittelstrasse gewählt, er wäre nie so tief gefallen, oder so weit, so viel gewichen. Er wählte aber zum Unglük einen grossen, oder zu erhabenen Gegenstand, und just deßhalb gelang ihm gar nichts, und der sonst

in

Ein jeder bleib' bey seiner Sphäre,
Dann wird er sicher brauchbar seyn.
Ein schwacher Geist, bleibt ewig klein.

in seiner Sphäre brauchbare Mensch wird entweder verächtlich, oder wagt aus Schamhaftigkeit keinen zweiten Angrif auf die fehlgeschlagene Unternehmung, und lebt sich und seinen Mitbürgern zur Last.

Ein Scipio, ein Cäsar hätte nimmermehr eine Martyrkrone durch Beten, und Fasten verdient. Und der heiligste Capuciner wäre allezeit ein schlechter Feldmarschall. Mancher Universal = oder Flattergeist unternimmt auf einmal zu viel, und hält gar keine Richtschnur in seinen Schriften, Er durchläuft Wissenschaften, und bleibt in allen ein elender Stümper. Hätte Er dagegen nur Eines gewält, und hierinnen alle Kräfte angestrengt, so wäre ihm vielleicht ein Meisterstück zu vollbringen möglich gewesen: wo er itzt ein Ueberflieger oder ein Witzling ist, der von allem superficiel sprechen, und nichts behaupten kann. Vielleicht gehöre ich selbst in diese Zahl, weil mein guter Wille, und Genie zu oft durch große Widerwärtigkeiten in ordentlicher Bestimmung unterbrochen wurde,

Verwägenheit und falsche Ehre
Hat manchem, der sich groß geglaubt,
Den Rest verdienten Ruhms geraubt.
Kein Kukuk kann mit Adlern steigen:
Und vor der Nachtigal muß ja der Zeisig schweigen.

Sie-

be, und itzt sind die lernenden Jahre verloren, und meine Kräfte zu abgemattet, um eine Herkules-Arbeit zu unternehmen.

Eine solche vorwitzige Handmüke verbrennt sich an allen Lichtern die Flügel, und flattert hernach rath- und hülflos die Flügel im Sumpfe der Verachtung. Man kann also ohnmöglich Historicus, Arzt, Jurist, Soldat, Musicus und Staatsmann zugleich seyn. In einer Classe zu excelliren, erfodert schon die Mühe einer Lebenszeit, und unser Gliederbau ist zu zerbrechlich, und von zu kurzer Dauer, um zu viel zu unternehmen. Wer wirklich Fähigkeit besitzt, der wähle sich demnach ein grosses Muster, und werde nicht müde, bis er das vorgesetzte Ziel rühmlich erlangt.

Er lasse sich durch Hindernisse, Neid und Tadel nicht abschreken, und rechne den Tag für verloren, an welchen er keinen Schritt vorwärts gemacht hat.

Sie nur bewundern ist erlaubt.
Nun wird es Nacht: es regnet, stürmet:
Der Vogel hat sich nicht beschirmet:
Wird naß und leidet Ungemach:
Gleich wird der unerfahrne schwach:
Er lernte nie ein Uebel tragen,
Und denkt ... Warum soll ich mich plagen!
Mein schöner Käfig ... Leider! Ach!
Werd ich ihn auch noch wieder sehen?
O weh! nun ist's um mich geschehen!
O Schiksal führe mich dahin,
Wo ich bey frohem Misiggehen
Ein Vogel ohne Sorgen bin.
Just so seufzt mancher junge Held, 5)

Dem

Der Kanarivogel hingegen bleibe bey seinem Gesange, und bearbeite nie die Kunst, den Schwalben vorzufliegen, dann wird er von den Kanarivögeln nicht ausgelacht, auch weder neidig noch eifersichtig seyn, wenn ihn die Schwalbe im schnellen Flug übertrift.

5) Ohne Arbeit erlangt man nichts, folglich muß uns nach beherzter Unternehmung auch keine Arbeit reuen, um das vorgesezte Ziel zu erreichen.

Dem, weil er nichts gelernt zu leiden,
Sein Joch, sein Vaterland: gefällt:
Der von der Freiheit edeln Freuden,
Nur was sein Vater lehrt, erzählt,

Und

Seichte eingeschränkte Geister, Phlegmatici müssen demnach nichts wagen. Bey der ersten Hinderniß bleiben sie stehen, denken seufzend an die Mama zurück, und nur zitternd vorwärts. Die wahre Großmuth in Widerwärtigkeiten, der edle Stolz in großen Gefahren, die ächte Herzhaftigkeit des standhaften Weisen sind nur wenigen nach regelmäsigen Grundsätzen bekannt, und noch weniger besitzen sie Eigenschaften dazu, um einen erhabenen Vorsatz auszuführen.

Der vorwitzige Jüngling strauchelt bey dem ersten Schritte. Er sieht einen andern wirklich fallen, oder im Sumpfe der Vorurtheile wühlen... gleich abgeschrekt, scheut er gleiche Gefahr: kehrt verjagt zurück, und bleibt im Vaterlande ein armer Tropf, oder seufzender Schüler; hätte er hingegen seinen Vorsatz ausgeführt, und der Erfahrung und Gefahr entgegen geeilet, so hätte er können ein Meister werden, oder wäre in der Lehre gestorben.

Und folglich von der Großmuth Pflicht
Aus Trägheit nur verächtlich spricht.
Der Tag erscheint, die Nacht verstreicht,
Der Vogel, der noch zitternd keucht,
Sieht nun entzückt die Sonne blinken,
Und die Natur zur Freude winken.
Sie spricht: er fühlts, und weis nicht was:
Er hüpft: er lokt, hebt an zu singen,
Sein Herr will ihm nicht Futter bringen,
Dem er sonst aus den Fingern fraß.
Belehrt dies Beyspiel nicht den Mann? 6)

Der

6) Durch Gewohnheit im Vaterlande auf seinem Miste zu sitzen, und die zufälligen Ehrenstellen durch Familien-Folgen zu besteigen, wird der sonst arbeitsame Geist wollüstig, endlich träge, und zulezt stolz weil er gewohnten Ueberfluß, und persönliche Verehrung allein seinen Verdiensten zumißt.

Er verachtet also alles, was ausser seinem Vaterlande lebt, und wenn ihm auf der Jagd etwan einige Hasenschröte durch fremde Unvorsichtigkeit auf die Haut geschossen worden, denn muß sein Sohn und Sklave glauben, er sey der Hannibal des Vaterlands,

für

Der selbst kein Brod erwerben kann,
Und sich muß in die Fremde wagen;
Daß deßhalb mancher Muttersohn
In unsrer Welt mit Schmach und Hohn
Muß an dem Kummerknochen nagen,
Weil er den durch der Ahnen Fleiß
Der Tugend kühn entrißnen Preiß
Für sein Verdienst geschaffen meinet;
Und wenn das Schiksal ihn vertreibt
Ihm dann nichts anders übrig bleibt
Als Dumheit, Stolz und Aberwitz,
Womit der Wohlgeborne Fritz
Zu Hause prahlend prangt, und draussen hülf=
los weinet.

Der

für welches er Heldenblut vergossen hat. Elender Ca=
narivogel in deinem Käfig! fleug hinaus, und lerne
erst durch Stürmen zum Hafen gelangen, verdiene
dein Glück bey grauen Haaren im Käfig, und urthei=
le von Vögeln mit Ehrfurcht, die ihr Futter selbst zu
verdienen gelernt haben, und deinen Kindern die wah=
re Größe der Seelen in Widerwärtigkeiten, und die
ächte Freude im Wohlthun lehren können.

Der Vogel seufzt: der Hunger plagt.
Doch eben da er schon verzagt,
Kömmt eine Schaar von muntern Finken
Am Bache, wo er saß, zu trinken.
Kaum da er neue Brüder sieht
Fliegt er hinzu, und trinkt auch mit.
Sie fliegen fort, er folgt: sie loken:
Er lokt auch mit, froh unerschroken.
Die Finken fliegen in den Wald,
Sie pfeiffen, daß es wiederhallt,
Der gute Vogel pfeifet auch,
Doch ach! er hat nichts für den Bauch.
Um Mittag suchet das Gefieder
Gewöhnlich seine Nahrung wieder.
Die Finken fliegen auf das Land,
Wo just ein Bauer Körner streuet.
Wie war der Vogel nicht erfreuet,
Der Futter für den Magen fand?
Ein jeder frißt: er nur allein,
Wird hin und wieder fortgerissen;
Er schlukt sogar kein Körnchen ein,
Wobey die andern ihn nicht bissen:
Sie scheuchten ihn zulezt zurük.

Er

Er fliegt fort, sizt seitwärts nieder,
Und denkt für sich ... o böses Glük!
O weh! sind das wohl meine Brüder!
Sie helfen mir nicht in der Noth,
Misgönnen mir sogar mein Brod;
Wie? soll ich die wohl Brüder nennen?
Ich sa'e was nur fliegen kann
Als Vögel meiner Gattung an:
Jezt lern ich erst die Federn kennen.
So gehts, der Mensch soll in der Welt 7)

Sein

7) Die wichtigste auch nothwendigste Wissenschaft ist die Kunst, Menschen zu kennen. Und wie wenig wird sie gelehrt, wie unvorsichtig ausgearbeitet? wie kann der Freunde ohne Umgang wählen, der einen jeden nach sich selber mißt, auch beurtheilt? wo sucht man gewöhnlich sein Glük? bey Hofe... Und das Hofleben ist just nichts anders, als eine unermüdete Beschäftigung anders zu scheinen, als man wirklich ist. Im gesellschaftlichen Leben äffet der größte Haufe dem Höflinge nach: im Soldatenstande verbürgt sich der Ueppige und Lasterhafte unter der Larve der Ehre, oder Redlichkeit, und verwikelt die vorwizigen Jünglinge in die Neze der thierischen Leidenschaften,

worinnen

Sein Glück in der Gesellschaft wählen,
Wo ihm die treuen Führer fehlen,
Und Neid und Arglist Netze stellt. Wie

worinnen entweder ein Herz bester Art verführet, und vom Jugendpfade abgelenkt, oder der Leib durch Ausschweifungen oder verschwendete Kräfte, ein stinkender Apothekerkasten wird, welcher bey geschwächten Gliedern keine Glüksgüter für sich geniessen kann, und dem Staate auch nur mangelhafte Kinder, oder unbrauchbare Bürger erzieht.

Unser Wohl und Weh, das ist, die Ruhe und Freude unsers Lebens hanget demnach von der Wahl des Umganges ab, und von denen Führern oder Freuden, die wir suchen... Was ist aber zu rathen? denn Vorsichtigkeit nutzt dem nicht, der keine Grundregeln kenent.

> Die Vögel kann man leicht nach ihrer Art
> benennen,
> Wenn man die Federn sieht: doch Menschen
> zu erkennen,
> Erfordert weit mehr Fleiß, Erfahrung, Witz
> und Welt;
> Weil angeborne Art sich durch die Kunst verstellt.

Die größte Kunst ist, klug berücken,
Und anders denken als man scheint,
Wie mancher Vogel hat geweint,
Den Vogelfänger schlau bestricken.
Wie manchen stürzt die üble Wahl
Der Freund in die Märtyrer Zahl.

Man

So daß wir, was wir sind
Durch Vorurtheile blind
An uns, noch weniger bey andern sehen können.

Der beste Rath für Geübte ist Zurückhaltung und gemäßigte Vertraulichkeit, oder ein allgemeines Mißtrauen. Gellert sagt: Unsere Welt ist noch nicht so böse als man glaubet.

Zeige erst selbst ein Herz edler Art! du wirst überall deines Gleichen finden, die dich suchen. Und dieses ist auch mein Rath, den ich allen denen gebe, welche glücklich seyn wollen. Die Tugend allein leitet zum wahren Glücke, und irret man dann auch durch Unvorsichtigkeit in der Wahl, so ist es besser, auch rühmlicher wenn man betrogen wird, als wenn man ein Betrüger ist, oder durch Arglist, und Verstellung glücklich werden will.

Man unterscheidet leicht die Taube von dem
 Geier,
Der Menschen Federn deckt der Vorurtheils
 Schleyer.
Der Vogel wählt die Einsamkeit,
Und wirklich war er zu beklagen.
Ein seichter Geist, der nichts darf wagen, 8)
Dem, was nicht glückt, auch gleich gereut,

Ist

8) Eine rechtschaffene Handlung, ein edler Zweck muß uns nie gereuen, und wäre die Folge auch noch so nachtheilig für unsre Scheingüter. Ein gutes Gewissen, und der Beifall der Tugendhaften belohnet uns reichlich genug. Nur der Niederträchtige kann bey jedem Unfalle verzagen. Ein Jüngling der Tugend eingesogen, und Wissenschaften erarbeitet hat, kann sich ohne Beisorge in die Fremde wagen. In Widerwärtigkeit findet man die beste Schule, und zur Scharfsicht gehört Erfahrung. Wer aber Gefahren scheut, der bleibt bis zum grauen Haare im Vaterlande sitzen; just desfalls sehen wir, daß die größten Staaten Europens einheimischen Mangel an grossen Männern leiden, und Fremde das Ruder führen müssen. Heraus mit dem Jünglinge aus dem Neste!

wenn

Ist bey dem ersten Unfall klein,
Und wird so lang er lebt, ein armer Vogel seyn.

Ver=

wenn man erhabne Männer bilden will. Die Waghälse sterben entweder in den Probjahren; oder gerathen beßer als die Weichlinge und Muttersöhnchen. Und ist der Satz wahr, daß man die Kinder für die Welt, und nicht für den eignen Wanst erziehen soll, so setze man sie in Umstände, wo sie Mangel, Trübsal, und Bedrückung kennen lernen, wenn sie in männlichen Jahren über Rechte und Schicksal bedrängter Mitbrüder erleuchtet urtheilen sollen. Ein furchtsamer Esel taugt ewig nur zum Sack tragen. Ein wohlabgerichteter Hünerhund bringt seinem Herrn Nutzen und Freude. Ein arabischer Hengst verbessert die deutschen Gestütte: ein Maulwurf hingegen, der das Sonnenlicht scheuet, ist das wahre Bild eines Menschen, der just so denkt und glaubt, als seine Großmutter ihm zu denken erlaubt: der das Licht der Wahrheit sorgfältig meidet, und ein träger Hans ohne Sorgen auf seinem Miste bleibt, folglich aus Zaghaftigkeit oder gewöhnter Weichlichkeit nichts zu unternehmen wagt, und seinem Geiste ein Gefängniß baut.

Verzweifelnd fliegt er hin und her,
Doch Glück! du führst ihn ohngefehr,
Wo schöner Hanf im Ueberfluße
Für ihn in voller Reife stand.
Hier lebt er fröhlich im Genuße
Der Güter, die sein Schicksal fand:
Hier dankt er Gott mit Freudenthränen:
Denn Vögel kennen ihre Pflicht. 9)

Nach

9) Vergnügungen, Wohlthaten der Natur, folglich des Schöpfers, die wir nur thierisch empfinden, verdienen wir auch nicht zu geniessen. Des Schöpfer erster Zweck ist, uns in Lage und Umstände zu setzen, wo wir Ursache finden, ihm für unsre Entstehung zu danken. Hier findet der Christ täglich neue Bewegungsgründe zu Lobgesängen, in Lust und Leiden, und Aufmunterung zur Hoffnung, wie zum innerlichen Vergnügen: der Weltweise hingegen ein weitläuftig Feld zu Schöpfung neuer Lehrsätze, um der Würde seiner Menschheit gemäß zu leben, und dem Ehre zu machen, der ihn mit denkenden Kräften begnadigte. Ein vollkommener Gott ist keinen Leidenschaften unterworfen, folglich auch nicht der Ruhmsucht. Wie könnte ihm etwas an der Art unserer Dankbarkeit

geleʒe

Nach Noth den Ueberfluß gewöhnen
Regt ja der Thiere Hochmuth nicht.

Vergelegen seyn? Er hat uns aber für die Freude geschaffen, er will uns glücklich wissen, sonst wär er kein guter, sondern ein böser Gott. Unsere erste Pflicht ist demnach der Dank, welcher eigentlich darinn beruht, daß wir die Wohlthaten dieses guten Gottes so zu geniessen, auch zu gebrauchen suchen, wie sie seinem Zwecke am gemessensten sind, das heißt, daß wir nur durch Tugend unser Glück suchen, dieses aber nur durch Gelassenheit und Ergebung in die göttliche Vorsicht zu erhalten wissen, das Uebel, und die Widerwärtigkeiten hingegen als das Mittel verehren, wodurch uns die Verbindung der göttlichen Schicksale zum Genuße des wahren Glückes vorbereitete.

Wer seinem Freunde oder Feinde Wohlthaten erweißt und dafür Dank von ihm begehrt, dessen Wohlthat verlieret schon hiedurch den innern Werth. Deßhalb ist der Undankbare weit mehr zu bedauern, als der, welchem der Undank widerfährt, und durch fremde Unempfindlichkeit auch nicht beleidigt werden kann

Vergnügt für izt, nnd ohne Sorgen
War ihm der Winter unbewußt.

Ein

kann! wäre der Wohlthäter auch nur ein Mensch. Vielweniger will also der von allem Ehrgeize weit entfernte Gott unsere ceremonielle Danksagung von den Werkzeugen seiner Allmacht, von schwachen Geschöpfen, die er so gebildet, just so begeistert hat, als sie wirklich sind, oder nach ihrer Art seyn sollten. Wer seine Pflichten als Mensch erfüllt, der ist sicher tugendhaft, folglich auch dankbar, wer hingegen für diese nicht lebt, dessen Dankbarkeit ist keine Tugend, sondern eine Folge des Eigennutzes.

Hieraus entspringet der unwidersprechliche Satz: daß Gott ehren, kein Verdienst, sondern eine Schuldigkeit sey. Denn wer seine Menschenpflichten nicht erfüllt, der verdient kein Glück, er empfindt auch nicht, und dieß ist Strafe genug für ihn. Die reineste Freude der Menschen ist, wenn er Kräfte, Willen, und Gelegenheit hat, Gutes zu thun, der Undank hingegen ist schon bestraft, wenn man ohne diese selige Freude und innere Beruhigung leben, und ohne Hofnung sterben muß. Just hierinnen übertreffen uns die Thiere sehr weit. Ihre Nahrungsbedürfniß

Ein Vogel sorget nicht vor Morgen
Sonst fühlt er heute keine Lust.

Ach-

niß ist ja wie die unsere, die erste und nothwendigste. Wenn sie aber auch diese nach geprüftem Mangel im Ueberflusse finden, so genießen sie doch nichts mit Hochmuth, noch mit Verachtung derer, die weniger haben. Wie mancher Reiche, oder mit großen Titeln prangender Mann hingegen blähet sich auf, wie der Frosch bey Sonnenhitze im Sumpfe, wenn er darbende Brüder sieht, die seiner Hilfe bedürfen, oder ist bey Glücksgütern stolz, die ein ohngefährer Zufall andern entriß, um ihn für sich allein, für seinen Frosch-Wanst zu mästen oder zu erheben.

Ein Canarivogel kennet seinen Herrn, der ihn füttert, und pfeift ihm ein ohngefühltes Danklied. Ein Hund liebt, fürchtet und schützt seinen Wohlthäter eben so wohl als seinen Tyrannen, der Hirsch beneidet ihm sein Glück nicht, und ist auch nicht stolz, wenn er mit dem Esel auf einer Wiesen Futter findet. Das Leibpferd des Sultans verachtet die arbeitende Stutte des ackernden Bauern nicht, hundert Raben sind bey einem Luder fröhlich. Viele tausend

Ach möchten wir nur oft wie dumme Vögel
denken, *)

So

send Bienen arbeiten ohne Mißgunst zum allgemeinen
Vortheile. Kein Zeisig zankt mit dem andern um
den Vorzug, ihre Triebe sind sich eben so ähnlich,
als ihre Federn und die im dunkeln schwärmende Fle-
dermaus gefällt sich eben so wohl, als der prangende
Pfau im Sonnenglanze. — So könnten wir im Reiche der Thiere die besten Beyspiele wählen, um im
Mangel weder verzagt, noch im Ueberflusse hochmüthig zu werden. Dreymal glücklich! wer in allen
Vorfällen des Schicksals seinen Verstand, das ge-
glaubte einige Vorrecht vor den Thieren, dahin an-
strenget, daß er einen allgemeinen Wohlthäter, einen Gott denken, auch empfinden lernt, und sich in
Ehrfurcht überzeuget, was wir diesem Gott, was
wir uns selber, auch der Würde unsers Hierseyns
und der irrdischen Bestimmung schuldig sind.

*) Der Mensch ist ohne Klauen und Raub zahm
geboren; folglich in seiner Art ein schwaches und
verzagtes Thier. Hieraus entsteht seine immerwäh-
rende Unruhe. Das gesellschaftliche Leben war das
Gegen-

So würd uns auch im Glück kein künftig Uebel
kränken.

Doch

Gegenmittel dieser Schwäche für unsre Sicherheit:
wir sind aber darinn erzogen, und gewöhnt; folg‑
lich kennen wir die Quelle dieser Schwäche eben so
wenig, als die Wirkung der Geseze, und vereinigten
Kräfte. Man betrachte aber nur die Wilden in Ame‑
rika, um sich zu überzeigen, daß der Mensch wehr‑
los geschaffen ist, und nur im gesellschaftlichen Leben die
Vernunft auszuarbeiten lernt, um Waffen zum Wi‑
derstande und Mittel für seine Nothdurft zu entde‑
cken. Der in Wäldern irrende Wilde zittert ohnbe‑
schüzt vor jedem Raubthiere: er ist wirklich noch un‑
glücklicher als die furchtsame Wachtel: wenn diese
dem Falken zu entgehen weiß, und die Füchse ken‑
net, darf sie nicht fürchten von andern Wachteln
gefressen zu werden. Der hingegen muß sich vor
Menschen am meisten scheuen, und ermordet seinen
Bruder, um seinen Magen zu füllen, oder wohl gar
um sich zu vergnügen, oder einem Dritten zu gefal‑
len. Aus eben dieser natürlichen Schwäche, die wir
am besten am Wilden erkennen können, entspringet
die Ursache, warum wir kluge, und durch Grundsäze

der

Doch leider ach! wir Menschen zittern
Vor noch entfernten Ungewittern:

Wir der Religion gebildete Menschen, so furchtsam, so zitternd, so unsicher mitten im Schose der Glücks- güter leben. Ein gesunder, ein reicher, ehrwürdiger, auch in Ehrentiteln lebender Hausvater wird nichts mehr von seinem Wohlstande, von neunzig Ursachen zur Freude empfinden, wenn ihn nur ein kleines Uebel trift, oder ein großes bedrohet. Mitten im Wohlstande grübeln wir ängstlich nach, um nur eine Ursache zu finden, unruhig zu seyn; und in dem Au- genblicke, da wir ein möglich künftig Uebel entde- cken, vergessen wir den Genuß der gegenwärtigen Gü- ter, so begleitet uns die ängstliche Furcht von der Wiegen bis zum Grabe. Wir sind sogleich eben so schwach, und bedauernswürdig, als der Wilde, den wir verachten, welcher wenigstens von der Ehrfurcht, Verläumdung, und von Furcht künftiger Vorfälle nach dem Tode, nicht gefoltert wird. Elender Mensch! wie wenig kennst du, was du bist! und wie tief würde die Kenntniß deiner Schwäche deinen Stolz bemüthigen, der auf Wasserblasen schwimmt! Für diese Note ist der Stof weitläufig. Ich rathe also kürzlich bey Gelegenheit des Canarivogels in dem Hanffelde. — —

Wir sehen vorwärts, auch zurück,
Und pfeffern unser wirklich Glück.

Wir

Ein jeder ohne Unterschied lege das Gute, was er vor andern Unglücklichen besitzt, in eine Waagschale, und das Uebel, was ihn betrift in die andere, dann wird er sicher allezeit ein Uebergewicht zu seinem Vortheile finden. Zu künftigen Vorfällen hingegen lebe er bereit mit christlicher Gelassenheit, oder mit standhafter Großmuth des Weisen, verscheuche aber zugleich alle schwermüthige Bilder, die Furcht und Aberwitz gebähren, und lasse sich im Genuße des Guten, das er wirklich besitzt, niemals stören. Der allerunglücklichste Europäer, so gar der, der krank am Bettelstabe geht, oder im Kerker verschmachtet, kann sich wirklich noch glücklich schätzen, daß ihn der Mutterleib in dieser Luftgegend gebohren hat, wo er als ein Mensch lebte, und als ein Christ sterben kann; wenn er das Schicksal vieler Millionen Wilden betrachtet, die sich selbst fressen, ohne Hofnung leben, und im glühenden Afrika von Tags- und Glaubenslicht herum irren, und dem fluchen müssen, der sie zur Marter geschaffen hat.

Wir wollen ohne Kummer leben;
Und wenn man wirklich alles hat,
Wird man in dem Genuße matt,
Und kann vor möglich Unglück beben.
So lebt der Vogel lange Zeit,
Weil ihn nichts, was er that gereut,
Recht froh auch wirklich zum mißgönnen,
Und lernet eine Wachtel kennen,
Mit der er Freundschaft macht, und in Zufrie=
 denheit
Sich alle Tage neu erfreut.
Sie lehrt ihn Vögel Netze meiden,
Und kurz; der Vogel that was die Natur ge=
 beut.
Sein Glück war wirklich zu beneiden,
Weil er nichts fürchtet, noch begehrt.
Doch ach! was sind der Erden Freuden! *)
Die jeder Zufall leicht verstört?

Ein

*) Dem gemeinen Sprichworte gemäß ist nichts Irrdisches dauerhaft. Es ist wahr, daß alle Freuden auch Vergallungen unterworfen sind. — — Es ist aber auch eben so wahr, daß uns beständig gleiche
Freu=

Ein Sperber, der sich zu vergnügen,
Auch für den Hunger Vögel frißt,

Sieht

Freuden eckelhaft würden. Der ohngestörte Besitz eines Gutes macht uns laulicht im Genuße, und im Verluste lernt man erst Güter kennen, die man wirklich besaß, ohne ihren Werth zu empfinden. Veränderlich sind die Gemüther, so mußten auch die Dinge seyn. Aus diesem Grundsatze folget die Ursache, warum das Uebel nothwendig ist, und der Wechsel der Begebenheiten uns neue Begierden nach Freuden zu neuen Empfindungen vorbereiten muß.

Nur ein Glück auf Erden ist dauerhaft, und dieses ist allein ein gut Gewissen. Wer ohne innern Vorwurf desselben, Widerwärtigkeiten ertragen muß, der kann allein im Unglück lachen, und im Wohlstande Schätze sammeln, die kein Zufall seinem Herzen entreissen kann. Dieses rathe und bitte ich allen Lesern des Canarivogels mit brüderlichem deutschen Herzen. Mich hat eben dieses gute Gewissen durch alle Drangsale stolz, lachend und gelassen geführt: und diesem allein hab ich meine Standhaftigkeit, meinen Sieg zu danken. Dieses Gewissen muß aber und in pöbelhaften Grundsätzen suchen. Schand-

thaten

Sieht kaum die Wachtel scherzend fliegen,
So fängt er sie mit Sperber=List.
Erst rupft er sie lebendig kahl,

Dann

thaten laſſen ſich gegen gute Werke nicht abrechnen; die göttliche Gnade iſt kein Wechſelkomtoir, und wie ſichtbar quillet aus dieſem Vorurtheile die wahre Urſache, warum dergleichen Chriſten, welche arithmetice Sünden und gute Werke calculiren, juſt keine rechtſchaffene Werke erfüllen, und entweder in allen Vorfällen verzagt, oder wohl gar zum Scheuſale der Tugend nach ihrer Meinung chriſtlich leben.

Dergleichen Menſchen iſt keine Schandthat zu ſchwarz, die ſie nicht durch Buße zu waſchen glauben, und juſt dieſes iſt die gefährlichſte Art von Böſewichtern, weil ihnen kein Laſter zu vollbringen ohnmöglich iſt, und der innere Richter, die einzige und dauerhafte Triebfeder zur Tugend, unter dem Joche der Leidenſchaften ohnwirkſam bleibet. Ein Gewiſſen, das Abſolution bedarf, und beſtändig mit der Kirchen abzurechnen hat, iſt nur ein Ceremonielgewiſſen, und entweder ganz verhärtet, oder ſicher ewig unruhig, und unentſchloßen. Wörterſpiele entſcheiden dieſe Streitfrage nicht, denn ein Mörder, der das

Rat

Dann frißt er sie mit Fleisch und Knochen.
Der Vogel sieht der Wachtel Qual:
Wie soll ein fühlend Herz nicht pochen?

Wie

Rad zu fürchten hat, thut sicher Buße, um Büttels= und Teufelsklauen zu entgehen. Hier ist also die Rede nicht von einem solchen Gewissen, sondern von einem ehrlichen Manne, der auf keinen Ablaß Rechnung macht, und durch gewöhnte Freuden der Tugend den Lohn rechtschaffenen Betragens nur in seinem Herzen sucht, auch sicher empfindet. Ein solches Gewissen allein heißt nach meinen Grundsätzen, ein gutes Gewissen; und dieses ist das höchste Gut der Erden: der einige wahre Trost, die Stütze in Widerwärtig= keiten, und die Quelle gesegneter und sich durch sich selbst belohnender Handlungen im irrdischen Wohl= stande, wodurch wir den ächten Geschmack zum Ver= gnügen bilden, um ewig dauernde Glückseligkeiten zu verdienen. Beruhigender auch seliger ist es ge= wiß, ein belohnter, tugendhafter, freudenwürdiger Mann, als ein begnadigter Uebelthäter bey Gott, bey der Welt, auch in seinem Herzen zu heissen. Wohl dem, der es so weit bringen, folglich bey al= len Schicksals=Vorfällen muthig sagen kann:

Ein

Wie ihm dabey zu Muthe war, *)
Erwäge, wer selbst in Gefahr,
Die diesem Vogel droht, gelebet.

Ein Weiser achtet nicht, wenn Welt, und
Schicksal stürmen.
Die Großmuth kann sein Herz beschirmen;
Und fällt der Himmel ein, so wird er ihn
nur decken,
Aber nicht erschrecken.

*) Die gegenwärtigen Vorfälle in Dännemark geben den neuesten Stof zu dieser Anmerkung — Der Graf Struensee war ein Liebling des Königs: besaß alle möglich irrdische Glücksgüter, und beherrschte zwey Königreiche unter dem Namen des Monarchen unumschränkt. Eine unglückliche Stunde entschied über sein Schicksal. Jzt trägt er anstatt der Ordensbänder die Fessel eines Erzbösewichts, ein großer Sklavenkittel bedeckt seinen Leib, sein Willen, seine Kräfte, seine Wünsche sind gebunden, alle seine Güter in fremden Händen, und er selbst liegt beschimpft, und verachtet im Kerker, wo der ehemals gebietende Minister mit Stockprügeln und Daumschrauben bedrohet

Der großen Herren Gunst bestrebet
Und was der Wachtel hier geschieht,
An seinem Armen Bruder sieht.

Der

drohet wird. Sein Vater, seine Brüder, sein Recht darf nicht für ihn sprechen, seine Freunde haben ihn verlassen, und seine ärgsten Feinde sind ihm als unversöhnliche Richter aufgestellt. Vor diesen muß er gebückt verächtlich stehen, und sein Todesurtheil abwarten. Welches Schicksal kann härter, welcher Fall tiefer, und welcher Zustand empfindlicher seyn? — vielleicht trift die Reihe dereinst einen von seinen gegenwärtigen Richtern? und ich rathe meinen Lesern. bey dem Vorbilde des Grafen Struensee die alten Staatsrevolutionen mit den Neuern zu vergleichen, und das Feuer anzuzünden, welches alle Verläumder und Viperurachen auf dem Brandaltare der Tugendmartyrer verbrennet. Hof= oder Glücksgünstlinge leben in täglicher Gefahr: Clytus, den Alexander im Rausche durchstach, war glücklicher als Zimmermann in Dännemark, und vielleicht leidet der noch scheinbar glückliche, aber stolze Duc de Choiseul im prächtigen Chanteloupe noch weit mehr im verborgenen, als Struensee im öffentlichen Kerker? Paulinus war

auch

Der Vogel hat bey großem Schrecken,
Sich selbst vergeßen zu verstecken:

Er
auch nicht so unglücklich bey Theodosio, als Belisarius bey Justinian in Rom. Ueberhaupt kann man aber in Ländern wo unumschränkte Eigenmacht herrscht, nie von der wahren Ursache des Falls eines großen Mannes, sondern nur da unpartheyisch urtheilen, ob er nur unglücklich, oder ein Bösewicht war, wo der Gefallene nach den geschriebenen Gesetzen des Landes allein, und nicht nach willkührlicher Gewalt verdammet oder losgesprochen werden kann.

Der Uebelthäter ist mehr zu bedauern als der Unschuldige. Der erste hat neben der Erniedrigung und Strafe noch den nagenden Gewissenswurm zu empfinden, und erwartet den Tod zitternd; kommt er auch aus Richters- und Büttelshänden loß, so verdammt ihn doch sein Herz. Dieser hingegen findet in sich selbst Kräfte zur Beruhigung: geht dem Tode als dem Ende seiner irrdischen Drangsalen beherzt entgegen. Und sieget ohngefähr seine Unschuld, dann trägt er die Lorbern des rühmlichen Kampfes mit erhabner Stirne: und demüthigt die Verläumder. Geht es
ihm

Er weiß vor Angst nicht, was geschah.
Der Sperber fängt ihn in die Klauen:
Wem soll nicht vor solch Unglück grauen?
Nun ist sein Ende wirklich da!
Doch nein! — vor alles ist noch Rath, *)
Wenn man auf Gott Vertrauen hat.

Der

ihm aber wie dieser Wachtel in Habichtsklauen, dann macht ihm der nur gerupfte, und glücklich gerettete Canarivogel mit wehmüthiger Empfindung die Grabschrift:

> Heute mir, und Morgen dir,
> Menschen, Wachteln, glaubet mir
> Unsre Sperber sind die Fürsten,
> Und wenn sie nach Blute dürsten,
> Sieht der Narr den Himmel an
> Und fragt — wer hat das gethan?

*) Der Unglückliche wird nie ohne Hofnung leben, wenn er ein Christ und ehrlicher Mann ist. Der erste kann sich sicher auf göttlichen Beystand, Trost und Rettung verlassen: und wenn er auf Erden die Martyrerkrone verdient hat, auch ewiger Glückselig-

keiten

Der Vogel kann mit Recht verzagen
Wenn ihn schon Habichts=Klauen tragen.

Doch

keiten versichert sterben. Leiden und Widerwärtigkeiten, ja gar ein schimpflicher Tod sind demnach für ihn nur Aufmunterungen zur Standhaftigkeit und beharrlichen Tugend. Was ist ein Leben von 40, auch 80 Jahren gegen die unermeßliche Ewigkeit? Wer diese glaubt, und ihrer Wirklichkeit gesichert lebt, der wird diesen Hauch gewiß wenig achten, und hier freudig unglücklich bleiben, um ewige Belohnungen zu genießen. Diese Hofnung allein ist stark genug alle Foltern zu überstehen.

Der ehrliche Mann, der Welt= und Schicksals=Kenner, der Tugendhafte, welcher unschuldig leidet, hat noch weniger Ursache zu verzagen, weil sein Recht ihn schützt, und sein Herz ihn in Drangsalen stärket. Es ist eine Ehre für die Tugend zu leiden: er trozt folglich lachend der Gefahr: geht ihr beherzt entgegen: und reißt sich zuweilen eigenmächtig aus Widerwärtigkeiten los, wo der Verzagte unterliegt.

Der Unschuldige findet unvermuthete Freunde, die für seine Rettung wachen: auch der, welcher

ihn

Doch Mensch, und Adler leben ja:
Vielleicht sind sie zur Rettung nah.

Auch ihn drückt, wird endlich der Grausamkeit müde, oder sein Menschenherz durch Mitleid gerührt, oder sein Gewissen erwacht, oder die Verläumbung wird durch Zufälle entlarvt, oder er schämt sich vor dem Tyrannennachruf, oder Gott führt geprüfte Standhaftigkeit wunderbar zum Siege. Es sind demnach sehr viele Wege zur Rettung für den Bedrängten übrig: just deshalb rathe ich einem jeden meiner Brüder, der im Unglück seufzt, auch dann nicht zu verzweifeln, wenn seinen forschenden Augen alle wahrscheinliche Hilfe verschwindet, er spiegle sich an meinem eigenen Beyspiele; denn niemand hat mehr, noch großmüthiger, noch hilfloser gelitten, auch niemand tiefer im Unglück gesteckt, als ich, und dennoch bin ich gegenwärtig in Freyheit, und kann den schwachen Mäusen in Katzenklauen rathen:

Maus! wenn die Katze mit dir spielet,
Die weder Recht noch Mitleid fühlet,
Und sich an deiner Qual ergözt,
Wirst du umsonst um Gnade flehen;
Doch Trost! es kann ja noch geschehen,

Daß

Auch aus den gröbsten Schicksalsketten
Kann Gott bedrängte Unschuld retten.
O Glück: ein Jäger geht vorbey:
Er sieht den Sperber, schießt ihn todt,
Er macht den kleinen Vogel frey,
Und rettet ihn aus seiner Noth.
Nun ist er doch in Menschenhänden:
Nun sehet, was das Glück nicht für die Tu=
   gend kann!
Der Jäger war just kein Tyrann,
Die Vögel für den Käfig blenden:
Er war ein Menschenfreund, ein Mann,
Der nur im Wohlthun Freude fühlet,
Der gern mit jungen Vögeln spielet,
Für die er Nester bauen kann,
Er trägt ihn fröhlich in sein Haus,
Giebt seinen Vögeln einen Schmauß,
Und läßt ihn, o welch süß Vergnügen!
In der Canarihecke fliegen.

Daß man sie selbst mit Hunden hezt.
Vielleicht kommt bald die gute Stunde,
Die deiner Rettung wirksam ist;
Nur muthig Maus! hof' auf die Hunde,
Bis dich die Katze wirklich frißt.

Hier sieht der Vogel, was er ist:
Hier lernt er seines Gleichen kennen:
Hier fühlt er die Natur in kleinen Adern brennen *)

Den

*) Von diesem Triebe, in so weit er die Natur betrift, hab ich gar nichts zu sagen, was nicht bereits in unzähligen Wiederholungen geschrieben worden, und den folglich ein jeder nach seiner Art in verschiedener Wirkung empfindet. Ich rede hier von der edlen Fühlung der Liebe, welche ein zur Tugend geneigtes Herz wählet, um im Ehestand glücklich zu seyn.

Wer Lust in der Lust empfinden kann, die er andern verursacht, der nur allein kann dieses Glück geniessen. Wer scherzend Fehler bessert, und um gefällig zu seyn, den Eigensinn verbannet, der verursacht sicher gegenseitige Erkenntlichkeit, aus dieser entspringt die dauerhafteste Art der Freundschaft, und diese von der zärtlichsten Art der Liebe angefächelt, und durch Eintracht genährt, verscheucht allen Ekel im Genusse des Ueberflußes, die Vernunft erwacht, sie entdeckt die Quelle irdischer Zufriedenheit; wir finden täglich neue Ursache zur Freude, wir erfinden

endlich

Den Trieb, den kein Geschöpf vergießt
Durch den allein es glücklich ist,
Den Trieb, der gar die kleine Mücke reget
Den auch der Elephant im Knochenberge trä=
get,

endlich neue Arten von denkenden Vergnügungen in Wiederkauung sinnlicher Lüste, hieraus erwächst ein unaufhörlicher Genuß, und durch dieses Mittel allein leitet uns der Ehestand zur ächten Zufriedenheit, und wir lernen die thierischen Regungen für die mensch= liche und edelste Art zu lieben, anwenden. Glückli= cher Stand für den, welcher ihn nach diesen Grund= sätzen für seine Ruhe wählet! Er bändigt die stürmi= schen Neigungen nach Ruhm und Rache: zäumet die Ausschweifungen der Leidenschaften, lehrt mit kaltem Blute sein Schicksal abwarten, und da ohnstreitig ein guter Hausvater, auch sicher ein guter Staats= bürger ist, so ist das Vergnügen, brauchbare Kinder für eben diesen Staat zu erziehen, ohnfehlbar auch unter die wirksamsten Freuden dieses Standes zu rech= nen. Häusliche, und Vaterpflichten zu erfüllen, fällt dem gewiß nicht schwer, der nicht gefürchtet, sondern geliebt seyn will, und ich behaupte, daß ein vernünf=
tiger

Den Trieb, der unsre Welt belebt,
Für den der Seidenwurm, für den die Spinne
webt.

Er

tiger Mann nie im Ehestande unglücklich seyn kann, wenn er nur nicht herrschsüchtig ist, und eine Frau wählt, die nicht aus dummer Trägheit Eigensinn nähret, und folglich seine Grundsätze zur wahren Freundschaft einsehen, noch annehmen kann.

Wer lehrt den einsamen Canarivogel im Käfig singen? die Natur, die Sehnsucht nach einer Gattin durchwallet seine kleinen Adern, und der schmachtende Trieb nach Freyheit, sie zu suchen, zu wählen bewegt seine trillirnde Gurgel. Seine ohngekünstelte Töne locken, und wenn ihn der Wiederhall seiner rufenden Stimme täuschet, verdoppelt sich seine Unruhe: er sucht eine Oefnung zur Flucht, und wer zweifelt an der Ursache warum?

Wer zehn Jahre lang, so wie ich im Käfig dergleichen Canarivögel Lieder gepfiffen hat, und dann zum Genusse seiner Wünsche gelangt, der kennet den Werth der irdischen Güter am gründlichsten, sucht

ihren

Er fühlts, er wählt, er findet, was?
Ein Weibchen die mit treuem Herzen
In seinem Neste fröhlich saß,

In

ihren Besitz zu verdienen, und bedauert die in ihren
Nestern unzufriedene Brüder. Er brütet dem Guguk
keine Eyer aus, meidet die Sperber, weil er sie
kennet, und singet dem Dankslieder, welcher ihm Ursache zur Freude verursacht hat. Dann

Ohne Liebe lebt man todt auf Erden,
Ohne Liebe kann man auch nicht selig werden,
Lieben heißt der Menschheit Pflicht,
Wer nicht liebt, verdient das Leben nicht.

Denen Haustyrannen, und eignen Bütteln ihrer
geschwächten Ruhe, gebe ich diese Lehre:

Die Liebe kann auch Löwen zähmen,
Der Tyger beißt die Gattin nicht,
Wie? soll sich den der Mensch nicht schämen,
Der wider seine Menschenpflicht
Weit schlechter als die Thiere denket,
Und in des Ehstands Paradeiß
Weil er nichts zu geniessen weiß
Sich, auch die Freundin fühllos kränket.

In deren Augen er bey niemals matten Schmer-
zen,
Nichts als Zufriedenheit, die er verursacht, las.
Die Eintracht schmükte seine Kammer,
Und alle überstandne Jammer,
War eine Quelle neuer Lust,
Von der er vormals nichts gewußt.
Er lerte seine Kinder singen,
Und Gott für Wohlthat Opfer bringen.
O welche süsse Vater = Lust! *)

*) Ich hätte selbst nie geglaubt, daß hierinnen ein Vergnügen stecke. Ueber das Vorurtheil weit erha-
ben, ob mein Name nach mir seyn wird, oder nicht, ist es mir wirklich gleichgültig, ob meine Kinder Trenck, Trenckenfeld, oder Trenckwitz heissen. Der leere Name ist ein geglaubtes Nichts, und deshalb hab ich den Ehstand nicht gewählet, um ihn durch Nachkömmlinge zu verewigen. Nein: dieses bestrebe ich allein durch meine Schriften und Handlungen, ich wollte meinem natürlichen Feuer ein Gebiß an-
legen, ich wollte mein zu den gefährlichsten Unter-
nehmungen brennendes Temperament von der Ruhmsucht ablenken, und nach Stürmen den Hafen suchen:

Bedauernd hört er seine Brüder:
Sie pfeiffen nichts als Trauerlieder,
Ein jeder wünscht sich frey zu seyn.

chen: deshalb nahm ich ein Weib, und habe für meine Pflichten einen ruhigern Gegenstand gewählt. Nie dacht ich, daß mich Kinder vergnügen würden, und welche unerwartete Lust empfind ich gegenwärtig in ihrem Anblicke! meine muntere Knaben, die ein glücklich Genie, und große Talente versprechen, hüpfen um mich von ihrem Jugendglücke gerührt herum, ich sehe mich in ihnen verjüngt, und von neuem leben, die ernsthafte Feder, oder ein Buch, das mich beschäftigte, fallen ohngefühlt aus der Hand, sie Liebkosen — — Ich nahe mich ihnen, und spiele und springe auch mit: ihre unschuldige Freude verdoppelt sich, und mein Vaterherz wird rege: ich ergöße mich mit ihnen, und sie gehorchen meinem Winke, weil ich nicht ihr Tyrann, sondern ihr bester Freund bin. Ich folge der Natur in allen Schritten: bemerke ihre Wirkungen; beuge ihren Ausschweifungen liebreich vor, und suche tugendhafte, und brauchbare Menschen für Gott und für die denkende Welt zu bilden. So werd ich ihnen nach Maß der Jahre, und Kräfte, auch die Art der Begriffe abwägen und einflößen;

War mißvergnügt mit seinem Stande,
Genoß kein Glück im Vaterlande;

Dieß

flößen; und schmeichelhaft hoffend seh ich der Zeit entgegen, wo sie mich im Grabe segnen, und in stiller Ehrfurcht sagen werden: „Hier liegt ein Vater, „der uns nicht nur das thierische Leben verursachte, „sondern uns auch zu brauchbaren Menschen machte: „er lenkte unser Herz zu edlen Empfindungen: prägte „uns durch sein Vorbild den Geschmack nach Tugend „und erhabenen Wissenschaften ein: und ihm allein „haben wir zu danken, daß wir unsere Pflichten „kennen, folglich glückliche Erd- und Himmelsbür„ger sind." — O seliger Vater! — Und mit stiller Wehmuth verlassen sie noch zurücksehend die dankwürdigen ihres Namenlassers — Bey so spielenden wirksamen Gedanken dränget sich der Umlauf des väterlichen Bluts, und erpreßt dem Auge eine Freudenzähre. — Sie rollet unvermerkt auf die Wangen meines Sohnes: er weint unschuldig mit, weil er ihre Quelle noch nicht kennet, und fragt mit lächelnder Schwermuth — Warum weint Papa? — Ich fühle die Frage in ihrem ganzem Sinne, in ihrem ganzen Werthe, und sage: — Für dich, mein Sohn! für dich fliesset diese Vaterthräne: um dein Schick-

sal

Dieß Vorurtheil war allgemein,
Und Zwietracht nahm den Platz der Ruhe ein.

Hier sal bin ich bekümmert, wenn ich an das denke, was mir die Welt zur Hölle machte, und mich noch foltern würde, wenn ich weniger großmüthig dächte. — Hier eile ich aus meiner Schreibstube mit ihm zu meiner Frau, und wo finde ich Sie? An ihrem Putztische, in häuslicher Kleidung natürlich schön, ohne Spiegel mit einem Buche in der Hand, sitzen, und beschäftiget ihrem andern Sohne lesen zu lernen. — Vortrefliche Mutter! Beneidungswürdiges Vorbild! Sie säugte ihre Kinder mit eigenen, nie mit fremden Brüsten: sie ist im Unterrichten ihre doppelte Mutter, und arbeitet als meine ächte Freundinn zu unserm gemeinschaftlichen Zweck. Sie, die für die leichtsinnige Welt nach Pariserbrauch nur für den Müssiggang erzogen war, sie wählet meine Grundsätze: sie suchet im Feuer der Jahre, und blühenden Reitze nichts als Mutterpflichten zu erfüllen, und den göttlichen Entwurf auszuführen, für den wir bestimmt sind, auch sich und mich durch Eintracht und Freundlichkeit glücklich zu machen.

Präch-

Hier tritt er als ein Lehrer auf,
Erzählet seinen Lebenslauf — — —
Durch Beyspiel soll man von ihm lernen, *)
Wie schlaue Menschen Vögel körnen.

Wie

Prächtige entzückende Scene, wie seltsam siehet man dich auf unserer Weltbühne! — Bey diesem Anblick erwachen alle meine Empfindungen: mit Zufriedenheit lächelt Sie mir entgegen: Sie versteht was ich sagen will, und vereiniget ihre Freude mit der meinigen. Welches irrdische Glück hat wohl einen bestimmten Lohn, als eben dieses? und wenn mich noch alle mögliche Uebel treffen, wenn mich Welt und Glück mishandeln, find ich nicht Beschäftigung in meiner Feder, und Trost, auch solche Ruhe in meinem Hause, die mich fröhlich machen, und wenigstens meinem Herzen den innern Lohn rechtschaffener Handlungen versichern? Diesen hat Gott allein der Tugend bestimmt.

*) Kein Ort könnte glücklicher seyn, als dieser, wo ich gegenwärtig mein Nest gebauet habe. Er genieſſet solche Freyheiten und Vorrechte, wornach so viele Millionen Menschen im Joche der ungezäum-

ten

Wie Ungemach, Gefahr, und Noth.
Die unerfahrne Vögel droht;

Was

ten Eigenmacht vergebens seufzen. Kein Verläumder, kein Liebling kann diesen unabhängigen Einwohnern Ehre, Freyheit, und Leben rauben; ein jeder ist Herr in seinem Hause, und mitsprechender Bürger in seiner Vaterstadt; kein Fürst drückt ihn mit schweren Auflagen: keiner zwingt seine Kinder zum Soldatenstande: er kann seinen Nahrungsstand bessern, wenn er nur Verstand und Willen dazu hat, und wenn er reich ist, darf er nichts für Staatssaugigel verschwenden, um den Rest in Zittern vor der Habsucht zu verbergen.

Und doch, und dennoch leben diese Menschen in einer so glücklichen Gesellschaft unzufrieden. Sie waren nie aus ihren Nestern geflogen: sie kennen die Bürde anderer Gesellschaften nicht: die Wissenschaften, welche aufgeklärte Geister und Stützen des Vaterlandes bilden, die gegenwärtig deutsche Staatsklugheit, sind ihnen auch sogar dem Schatten nach unbekannt. Hieraus allein entsteht das Misvergnügen mit dem gegenwärtigen Zustande, und eine wirklich:

Was Sperber, Habicht, Geyer sind.
Doch ach! der Eigensinn macht alle Vögel
blind:
Man will nicht hören, nur erfahren.
O (ruft er) o betrogne Narren!

Lebt

liche Sehnsucht nach Unruh und Verderben. Glaubt mir Brüder, fliegt nicht hinaus! euer Nest ist das glücklichste in ganz Deutschland, wenn ihr es nicht selbst zerstören wollt. Laßt dieses Nestchen als ein ohnbemerktes Scrupelgewicht in der europäischen Staatswage liegen, oder hinauswerfen: bey 1000 pfündigen Gewichtern giebt ein Gran keinen Ausschlag. Wollt ihr aber aus unzeitigen Ehrgeitz mit der Goldwage gewogen werden, so werden eure Dukaten sicher in Judenhände verfallen, und ihr werdet zu spät seufzen — Ach! hätten wir dem Canarivogel geglaubt! Ja Brüder! ich allein hab euch treulich gerathen: ich allein kenne die wahre Quelle eurer Unruhen, und die Mittel zum dauerhaften Glücke. Kein Stolz, keine Gewinnsucht, keine Leidenschaft hat mich gereizt; denn ihr wißt, daß ich weder gehorchen noch gebieten will; und wenn eure Nester hilflos gestöhrt werden,

ver-

Lebt ruhig, wo ich glücklich bin!
Ihr wünscht was ich vernünftig fliehe;
Vertauscht nicht Ruhe gegen Mühe!
Ich lehre nicht mit Eigensinn;
Und hab an meiner Haut empfunden
Wie Vorwitz wahres Glück verlezt;

Hier verliere ich nichts, wenn ich das meinige wegtrage. Weil ich aber nicht zufällig, sondern nach meiner Wahl bey euch wohne, und der einzige erfahrne Weltbürger in euren Mauren bin, wollte ich euch aus meinen geprüften Wahrheiten ein dauerhaftes Glück lehren, und zur Eintracht und Freude aufmuntern. Doch ach! ich habe meine Menschheitspflichten erfüllt; euch gefallen Zwietracht, Müssiggang und altväterische Vorurtheile, die sich nicht mehr für unsere Zeiten reimen, besser, als mein Rath. Es bleibt mir folglich nichts übrig, als euch zu bedauern, und die Zeit abzuwarten, wo man die treuen Lehrer suchen, aber nicht finden wird. Ich suchte von euch keinen Lohn; folglich beleidiget mich auch kein Undank. Lockt nur keine Sperber und Geyer

Hier seht die Narben meiner Wunden!
Die mir des Sperbers Wuth gesezt.
Hier seyd ihr ruhig, draussen nicht.
Nur wenig kennen große Plagen
Mit großem Seelenstolz ertragen,
Wer taugt von euch zur Heldenpflicht?
Ihr werdet in der Lehre sterben,
Und schwer den ächten Ruhm erwerben,
Den itzt mein Herz mit Beyfall fühlt,
Das durch Gewohnheit stark nur mit dem Kum=
   mer spielt
Und Freuden, die ihr mißkennt, fühlt.
Hier seyd ihr glücklich, Brüder! glaubt
Fliegt nur hinaus, es ist erlaubt:

Fliegt

zu euern Nestern, vorwizige Brüder! und lernet we=
nigstens wo nicht schreiben, und denken, so doch
deutsch lesen, dann wagt es, die römische Geschichte
von den Zeiten Syllens, Crassus, Pompejus und
des siegenden Cäsars zu durchblättern, und verscheucht
durch fremdes Beyspiel belehrt, die Harpien eurer
Ruhe und Eintracht; ehe euch das Schicksal aller
ehemals glücklichen Republiken trift, und ihr zu spät

Fliegt suchet Rath für eure Brüder
Und kommt wie ich als Lehrer wieder!
Mir reuet nichts, was mir geschehn:
Durch Trübsal lernt ich heller sehn *)
Durch Leiden unerfahrne Lehren
Und Gottes Vorsicht klug verehren

Mein

*) Hier wäre noch ein weitläufig Feld zur Moral übrig, denn sicher ist es daß, welcher nie ein Nebel trug, auch unmöglich ein unabwechselndes Glück empfinden kann. Wem seine stäts wohlbesetzte Tafel Eckel verursacht, dem rathe ich 48 Stunden gar nichts zu essen, um zu wissen, wie dem Hungrigen ein verschimmelt Brod besser als ihm der gaumenkitzelnde Ueberfluß schmecket, und folglich zu empfinden, wie angenehm eine Wohlthat aus seinem ungeachteten Vorrathe dem darbenden Mitbruder sey, welcher, den Gutthäter segnet.

Auf diese Art kann man sich auch ohne Erfahrung denkend in die Stelle aller Leidenden, verschiedener Art und Gestalt setzen, kleine Versuche an sich selbst machen, und die Kunst lernen, Vergnügen im Wohlthun zu empfinden. Wer aber ohne diese Fühlung lebt, der verdient weder Glück noch Achtung in der Canarihecke, und wird auch in seinem prächtigen Neste ein bedauernswürdiger Vogel bleiben.

Mein Leiden das ich groß vollbracht,
Hat hier mein Nest, mein Glück gemacht.
Und hätte mich der Falk gefressen,
So wäre ja mein Schmerz, so wär ich selbst
vergeßen.
Ich wäre todt just auch so blind
Als meine Brüder lebend sind.

Noch dieses Schlußlied pfeift euch der Canarisvogel mit gerührtem Herzen, der izt Gottlob! ohne Brill die Vorurtheile sieht, welche eure Zufriedenheit fesseln;

> Es pranget der Soldat mit Narben heiler
> Wunden
> Ein Schiffer prahlt mit Sturm, den er im
> Meer besieget,
> Ein Kluger denkt mit Lust an die verstoßnen
> Stunden
> Wenn überstandner Schmerz im Haven ihn
> vergnügt.

Trauerrede
bey dem
Grabe
Fridrichs des Großen
Königes in Preußen.

Trenck's Schr. 8. B.   M

In magnis voluisse sat est.

Friederich ist todt! — Der größte Mann unsrer Zeit, der gekrönte Weltweise: der Lehrer aller Kriegs- und Staatsschulen: der Mensch, welcher zum höchsten Gipfel möglichst menschlicher Größe kletterte: der Gegenstand, für dessen verdienten Nachruhm alle Federn wetteifern, alle Pedanten zanken, alle Soldaten den Bart streichen: der Monarch, den Monarchen bewunderten auch beneideten: der Held, welcher Schlachten und Völker Glück entschied: der gelehrteste unter den Königen: der liebreichste, der wißbegie=

begierigste Fürst im gesellschaftlichen Leben: der fürstliche Feind mit den Waffen, der liebreichste Menschenfreund mit der Feder in der Faust: der ehrwürdigste am edelsten beschäftigte Greis im Potzdammer Kabinette, der schlaueste Staatsmann, der Vater seines Vaterlandes, der König, welcher viel that, und wenig glaubte, der mit majestätischer Größe den Tod zu erwarten gelernet hatte — — — Fridrich, der im innern Werthe wirklich große Fridrich ist todt — — Er ist nichts mehr in Wirklichkeit in unserm irdischen Traumgebäude, und wollte auch da nichts mehr seyn, wo wir zu träumen aufhören.

Uneigennützig waren Seine Handlungen, weil er keinen Lohn in der Ewigkeit erwartete, auch als Weltweiser den für Ihn selbst unempfindsamen Werth des Nachruhmes in einer Welt verachtete, welcher von der alles vernichtenden Zeit, auch von dem willkührlichen Eigensinne des

Geschicht=

Geschichtschreibers abhängt. Er wußte, daß sogar Nero Lobredner finden konnte, und verachtete folglich die kolossalische Ehrensäulen der Römer, Griechen und Egypter, weil Er einsahe, daß der todte Fridrich nichts mehr von denen Freuden des Ruhmsüchtigen empfinden könne.

Todter Monarch! Was bist Du nun? Ein aufzulösender lebloser Klumpen im wirbelnden Kreislaufe der Natur. Die königliche Herrschermacht ist ein Schatten, die zugleich mit dem Körper verschwand; und den Kriegsleuten Deiner späten Enkel wird man zwar noch Bardenlieder von Deinen Siegen vorsingen, aber Fridrichs Ohr kann sie nicht mehr hören. Fridrichs Herz empfand sie vielleicht noch mit Freude im letzten Augenblicke, da es die Bewegung mit dem letzten Pulsschlage verlor. War vielleicht diese Empfindung auch der letzte Lohn für Deine strenge Arbeit? Beseelte Dich die Ruhmsucht
jenseits

jenseits das Grabes? So war Dein Tod mit Wollust begleitet: So hast Du diesen Lohn im Leben genossen, auch empfunden, weil Dir alle Entwürfe gelangen, weil Du alt genug wurdest, um die Früchte Deiner Pflanzschulen reifen zu sehen.

Für den Unterthan ist der Fleiß eines unabhängigen Fürsten allezeit ehrwürdig, der sich selbst alles gestatten, alles Vergnügen verschaffen kann, und der, so wie Fridrich, alles der erhabensten Herrscherpflicht aufopfert, auch da zugleich als Bürger, als Mitarbeiter lebt: dadurch eigenes Vorbild lehrt, wo Er unumschränkt gebieten kann.

Seltsame Erscheinung auf unserer Weltbühne! Die Rolle ist aber bereits gespielt, und der Vorhang ist zugezogen. Fridrich liegt im Grabe. — Nun ist Er noch ohnmächtiger als

der

der Trenck war, da er im Magdeburger=Kerker gefesselt nach Gerechtigkeit schmachtete, dennoch aber die Macht des Weltbezwingers auf die standhafte Tugend des verläumdeten guten Staatsbürgers zu vereiteln wußte.

Du liegst nunmehro im Staube, Monarch! Ich aber bin noch ein Etwas in Wirklichkeit. Auch dieser Staub ist mir ehrwürdig, weil er aus allgemeinen Bestandtheilen in dir zur möglichsten Größe irdischer Würde heranwuchs. Nicht deßwegen verehre ich ihn, weil er den Leib eines Monarchen bildete. Denn ich sehe diesen aufgelösten Staub mit dem Staube der Sklaven vermischet, und vor meinen Füssen verdünsten, die ehmals unverdiente Fesseln trugen, und die eben das Blut noch gegenwärtig durchwühlt, welches mir heute die Gefäße der denkenden Kräfte befeuchtet, aus denen die Ausdrücke des Redners fließen, der Fridrichs Ruhm

Ruhm gern verewigen, der die Urtheile seiner Leser gerne reizen, durch richtige Abwägung ächter Verdienste überzeugend vortragen, auch den Werth eines wirklich großen Königes in seiner Nachwelt bestimmen möchte.

Große Unternehmung! gerathe ich durch diese in die Zahl der Verwägenen, so rechtfertigt die Wichtigkeit des Großen Gegenstandes meinen Ehrgeitz. — — Fridrich lebte um den Beyfall der Klugen zu verdienen. Die Waagschale der Nachwelt ruht auf einem unpartheiischen Mittelpunkte. Ihr Ausschlag ist aber entschieden. Thränen und Seufzer, welche preußische Kriegsheere verursachten, und Machtsprüche eines siegenden Eroberers drücken wie dichtes Gold im Gegengewichte; dagegen pranget die triumphirende Muse im vollen Glanze. Fridrich war der Wissenschaften Schutzgott, die Freude Seiner Unterthanen:

Er

Er kannte, brauchte und belohnte ächte Verdienste, und Seine übrige fürstliche Tugenden überwiegen das Andenken aller menschlichen Schwachheiten. Genug, Er sahe so weit Er sehen konnte, und Beyspiele, Schlachtopfer meiner Gattung waren am Ende seiner Regierung seltsam, da eine langwierige Erfahrung Ihn auch die Kunst gelehret hatte, die Verläumdung vom Throne zu entfernen.

Wie manches Räthsel in Preußens Geschichte liegt vor meinen Augen aufgedeckt! weil ich diese sechs und vierzigjährige Regierung mit wachenden Augen durchlebte: weil mein eigenes Schicksal mit dem vaterländischen durchwebt war. Ist nicht Fridrich selbst mein König und zugleich mein großer Lehrmeister in Berlin gewesen? Genoß ich nicht Seiner Gnade und Achtung im gelehrten auch im Soldatenfache? Nicht mein Unwerth, nicht mein Betragen:

gen: mein widriges Schicksal und die Miß=
gunst allein, böse Menschen vernichteten mein
Glück. Des scharfsichtigen Königes Urtheil
wurde hintergangen, und bis zu seinem Grabe
fand ich kein Mittel, Ihn von der Wahrheit zu
überzeugen, weil Monarchen lieber begnadigen
als belohnen.

Wer kennt Ihn, wer kennt die wahre Quelle
seiner erstiegenen Größe, Seine Freunde und
Feinde besser als ich? — — — Mein Vor=
trag, meine Feder sind demnach nicht verdäch=
tig, und die ehrfurchtsvolle Wahrheit spricht
auch hier gewiß ohne Partheylichkeit.

Ich war selbst sein Augenzeuge im Schlacht=
felde bey Strigau. Ich sahe Ihn bald darnach
mit aufgeheiterten Blicken als Sieger, unter
aufgethürmten Leichen und wimmerndem Ge=
wimmel zerstümmelter Menschenrümpfe Mensch=
lichkeit gebieten. Aber auch deine Kinder, gros=

ser

ser Fridrich, krümmten sich zu Deinen Füssen im Todeskampfe, mitten unter Deinen besiegten Feinden, und sahen mit knirschenden Zähnen den Himmel an.

Vorurtheile der Vaterlandsliebe, eingeimpfter Heldenmuth in der Einbildungskraft feuriger Jünglinge und beherzter Greise, entrissen sie, aber zugleich den Armen ihrer weinenden Freunde, ihrer verwaisten Kinder, dem Genuße der schönen Welt für sich selbst, der Wohlfahrt des Vaterlandes. Grosse Geister, die vielleicht Völker belehrt, die Leibnitze und Voltaire übertroffen hätten, verflatterten hier schon aus der aufkeimenden Pflanze, ehe sie Blumen trug, und Früchte bringen konnte.

Edle Seelen, Menschenfreunde sturben als Brudermörder mit dem Würgschwerdte in der blutig erstarrenden Faust, und Zöglinge der besten, der edelsten Art konnten nicht Männer wer=

werden, weil sie Dir aus ihrer Bestimmung in das Schlachtfeld folgen mußten.

Das sind die Folgen des Krieges, vor welchem der denkende Weise zurückschaudert. Das sind die Opfer, welche den Brandaltar Deines Ruhmes besudeln, und dem kriegerischen Fürsten die Ehre eines Landesvaters entreissen.

Es ist wahr, Du hast über Feinde gesiegt, die eben nicht Freunde der Wissenschaften und Aufklärung waren! Feinde, die ohne Deinen Widerstand in den Ringmauern Deiner gelehrten Pflanzschulen vielleicht Kapuzinerklöster gebauet hätten: und kein Blut ist zu edel, welches für so erhabene und gemeinnützige Absichten fließt.

War dieses Dein Zweck, so bist Du entschuldigt; war es aber Eroberungsgeist, so ist
Dein

Dein Urtheil bey der gerechten Welt gesprochen. — — Ewig sey uns das Andenken solcher Helden ehrwürdig! Ewig das Blut heilig, welches bey dem umgestürzten Throne des Aberglaubens aus zerrissenen Adern für unsere Wohlfahrt sprudelte.

Rom zitterte bey Fridrichs Siegen; die Mönche grunzten in ihren Verschanzungen, die aufgedeckte Arglist verkroch sich hinter ihrem Vorhange. Aber die Welt ward klüger. Auch Oesterreich erkannte seine Schwäche, und wurde in sich selbst mächtiger, um bey künftigen Vorfällen, dem etwan herrschsüchtigen Nachbar, mit wirksamen Trotze zu begegnen.

Die Folgen sind sichtbar. Und nun wünscht der redliche Deutsche unsre wechselseitige Verbrüderung im ewigen Frieden mit unsern Lehrmeistern.

Diesen

Diesen Frieden bestättige uns Dein Tod; und dieser Tod sey Wilhelms Leiter, um den höchsten Gipfel des Ruhmes eines friedfertigen Königs zu besteigen, und ein ewiger Freund unsers Kaisers zu seyn.

Dieser Tod, der Dich unter tausend auf Dich gezückten Schwerdtern verschonte, und erst als einen weisen Fürsten, als einen klugen Gesetzgeber, großen Mann, und verehrungswürdigen Greis in seine ewige friedliche Stille rief: sey der alles erschütternde Glockenschlag, welcher alle Kabinette Europens zusammenfordert, um die Früchte der Eintracht und Brüderliebe, aus der Lehrschule der Völkergeschichte hervorzusuchen, oder aus denen mit deutschen Bruderblute in Böhmen, Schlesien und Sachsen gedüngten Feldern, zu geniessen.

Friede sey auch jenseits des Grabes zwischen und Deinem Schatten! die Wun-

den,

den, die Du mir schlugst, hast du mir zwar nie geheilet; sie bluten noch; und ihr krebsartiger Eiter triefelt noch auf Deine Urne. Männliche Schwermuthsthränen rollen noch heute auf Deine Asche, aus eben den Augen, denen Du so lange Jahre das Sonnenlicht zu sehen gehindert hast; und mein Herz pocht schwermüthig, weil es den nie versöhnen konnte, den es nie beleidigte.

Bedauert mein Schicksal, rechtschaffene Brüder im Vaterlande! Es ist weitkündig, es beförderte meine Ehre, ohne mich stolz zu machen, und Fridrich der Große konnte mich nie erniedrigen. Ich selbst will meine Geschichte gerne aus allen Lobreden wegstreichen, die Ihn verewigen können: Ich selbst weine mit Euch bey Seinem Grabe: Nicht weil ein König starb, der mich unglücklich machte! Nein, weil der Größte der Weisen unsers Zeitalters, der

auf=

aufgeklärteste Menschenkenner begraben wurde, ohne mir Gerechtigkeit wiederfahren zu laßen.

Bedauert dieses Schicksal, Brüder für einen bedauerswürdigen redlichen Mann! Segnet aber deßwegen nicht weniger das würdige Andenken eines Monarchen, der zuweilen für Seine Staatsabsichten, vielleicht auch nur als gekrönter Mensch für seinen Eigensinn Opfer schlachten mußte! Mich traf das traurigste Loos unter Euch: Ich wurde durch Wahrscheinlichkeit verdächtig: Und Männer, die gefährlich scheinen, müßen in Unthätigkeit erhalten werden.

Brüder! ich weiß, daß ihr mich besser kennet, und nach meinem innern Werthe schätzet.

Stolz auf diese Ueberzeugung, würde ich euren gegenwärtigen Verlust bedauern, wenn ich nicht Ursache fände, euch glücklich zu schätzen,

tzen, weil Preußens Scepter in Wilhelms des Großmüthigen Händen pranget, dessen Herz ich kenne, dessen Seele eine der edelsten ist, die jemals aus der Allmachtgüte zum Herrschen gebildet wurde, um Völker glücklich zu machen.

Auch der wirkliche Uebelthäter erweckt Mitleiden, wenn er bereits alle Foltern überstanden hat. Und das Recht für Kalas erschien für ihn zu spät. Für mich hingegen erwarte ich noch alles, was mein Betragen verdient. Ich warte mit vorwurfsfreyer Seele und erhabner Stirne auf den Lohn des Gerechten. Und seufze bey Fridrichs Grabe mit Empfindung des Edeln.

Ruhe arbeitsamer König: So gar ich gönne Dir diese Ruhe, diesen ewigen Schlaf. Ich habe bereits die schlaflosen Nächte vergessen, wo mir Deine Schildwachten die Ruhe verhindern mußten. Sie weckten mich; Ich wache noch:

Dich aber können sie auch mit donnernden Karthaunen nicht mehr wecken.

Im Uebel selbst steckt also noch ein Preis, wenn man ihn nur zu finden weiß.

Ich habe ihn für mich gefunden. Du hingegen hast ihn noch von der Nachwelt zu erwarten.

Du ruhest bereits gefühllos gleichgültig im Grabe, wenn mich noch die Stürme der Leidenschaften, die Ehrliebe, die Vaterpflicht und Nothdurftssorgen im Weltmeere herumschleudern, wo mein grauer Kopf im wankenden Gliederbaue keinen fühlbaren Lohn für rechtschaffene Handlungen und strengen Fleiß abzuwarten hoffen kann, und wo ich ohne ein König zu seyn, dennoch eben so wie du den Tod mit gleichfalls majestätischem Stolze lachend erwarte.

Grab-

Grabschrift

Er war, — — Er ist nicht mehr — —
  Was ist Er denn gewesen? — —
Ein Mensch — — dieß zeigt sein Grab. —
  Die Nachwelt staunt es an.
Und diese soll nun erst aus Menschen Federn lesen,
Was Fridrich hier als Mensch, als Fürst und Held gethan.

REQUIESCAT IN PACE!
ET LUX HEROUM LUCEAT EI!

www.ingramcontent.com/pod-product-compliance
Lightning Source LLC
Chambersburg PA
CBHW020035240426
43666CB00041B/1640